高等职业教育汽车类专业新型活页工作手册式系列教材

系列教材主编：戚文革　邹玉清

汽车电器设备构造与检修教学工作页

董　括　张　丹◎编著

中国铁道出版社有限公司
CHINA RAILWAY PUBLISHING HOUSE CO., LTD.

内 容 简 介

本教学工作页是为贯彻国务院印发的《国家职业教育改革实施方案》（简称“职教20条”）文件精神，落实“新型活页式、工作手册式”职业教育教材的要求而编写。本教学工作页系与教材《汽车电器设备构造与检修》（ISBN 978-7-113-28513-5）配套开发，共六个项目，包括检修蓄电池、检测与拆装交流发电机、检测与拆装起动机、检修点火系统、检修照明仪表装置和检修汽车电动辅助装置。每个项目均包含项目任务单、项目导入、项目实施和案例四部分内容。

本教学工作页的特点有：以“做事”的职业行动作为认知起点；使用多样化、可视化表达方式；设计实施“微组织”环节；多环节、多形式的“专业+思政+创新”有机融合；增加了典型案例和新知识、新工艺。

本教学工作页为校企行合作开发，充分融入职业要素，适合作为高等职业院校和其他职业学校汽车类相关专业学生的教材，也可作为有关人员的岗位培训教材。

图书在版编目（CIP）数据

汽车电器设备构造与检修教学工作页/董括，张丹编著. —北京：中国铁道出版社有限公司, 2022.5
高等职业教育汽车类专业新型活页工作手册式系列教材
ISBN 978-7-113-29230-0

Ⅰ. ①汽… Ⅱ. ①董…②张… Ⅲ. ①汽车-电气设备-构造-高等职业教育-教材②汽车-电气设备-车辆修理-高等职业教育-教材 Ⅳ. ①U472.41

中国版本图书馆CIP数据核字（2022）第098904号

书　　名：汽车电器设备构造与检修教学工作页
QICHE DIANQI SHEBEI GOUZAO YU JIANXIU JIAOXUE GONGZUOYE
作　　者：董　括　张　丹

策　　划：尹　鹏　何红艳　　**编辑部电话**：（010）63560043
责任编辑：何红艳
封面设计：刘　颖
责任校对：焦桂荣
责任印制：樊启鹏

出版发行：中国铁道出版社有限公司（100054，北京市西城区右安门西街 8 号）
网　　址：http://www.tdpress.com/51eds/
印　　刷：北京联兴盛业印刷股份有限公司
版　　次：2022 年 5 月第 1 版　2022 年 5 月第 1 次印刷
开　　本：787 mm×1092 mm 1/16　**印张**：7　**字数**：176 千
书　　号：ISBN 978-7-113-29230-0
定　　价：29.00 元

序

职业教育的本质是“学习如何工作”的教育，即培养学生具备与工作任务相匹配的职业能力。职业能力遵循新手—生手—熟手—专家/高手的成长规律，如何在职业教育中实施符合职业能力成长规律的落地措施，是职业教育教学设计的首要原则。

本书的教学内容设计是在微组织教学模式“教与学”的行动逻辑指导下完成的。微组织教学模式是行动导向教学具体实施中运用的一个具体化方法，由教学情境导入、任务发布、任务实施、检查纠错、结果评价五个环节构成，其本质特征是针对问题，师生之间建立即时反馈系统。要求教师要具有对问题察之入微的敏感性，针对每个问题做出“即时反馈”。微组织教学模式实施过程中要求对任何一个知识点、技能点均做到“一点一讲一练一确认”。

教学工作页是微组织教学模式实施工具，是教师“教”与学生“学”的引导性教学文件，是学生思维过程、学习过程、学习结果可视化表达与老师即时反馈的载体。

教学工作页设计实现了以下四点创新:

一、以“做事”的行动作为认知起点

以“做事”的行动作为认知起点，建构基于“做事”的行动体系认知结构，而非学科知识体系认知结构，以与学生行动能力相匹配的“做事”的显性行动单元作为教学设计起点。

二、学习过程可视化设计表达

根据学习内容选择多样化的可视化表达方式，可视化设计包括两个方面：一是学生的学习思维过程和学习结果老师要看得见；二是老师的即时反馈学生要看得见，对学习过程与学习结果是否符合要求老师要作出即时反馈意见，反馈意见学生要看得见。

三、教学过程“教与学”即时反馈

学习过程可视化呈现，为建立个性化“教与学”即时反馈创造了前提条件，即时反馈为学生学习偏差及时提供“支架”，赋能“成功学习”，激发内模拟机制，实现班级集体授课制条件下的因材施教。

四、实现“知识、能力、素养”一体化成长

任何一个学习行动都是“知识、能力、素养”构成的“复合体”，在行动中理解掌握行动赖以发生的“知识”，在行动中积淀提升完成行动的“能力”，在行动中规塑做事做人的“素养”，一个行动能够“达标完成”所涉及的“知识、能力、素养”一个也不能少，在行动全过程所有节点与最终成果所涉及的“知识、能力、素养”都进行可视化呈现，依据“合格标准”进行即时反馈、纠正、刻意训练，直到正确为止，从而实现了对学习过程、学习结果全程“贯标”确认。

自 2016 年起，吉林电子信息职业技术学院在汽车专业群、机械专业群启动了面向教育对象的提升教学育人有效性教学改革，教学工作页的创建与应用是教学改革标志性成果之一，催生了教学育人有效性显著提升的课堂革命。

希望本书能够为高等职业教育汽车类专业课程教学设计提供借鉴。

戚文革

2022 年 2 月

前言

本教学工作页是为贯彻国务院印发的"职教20条"文件精神，落实"新型活页式、工作手册式"职业教育教材的要求而编写该教学工作页。本教学工作页系与教材《汽车电器设备构造与检修》（ISBN 978-7-113-28513-5）配套开发，共六个项目，包括检修蓄电池、检测与拆装交流发电机、检测与拆装起动机、检修点火系统、检修照明仪表装置和检修汽车电动辅助装置。每个项目均包含项目任务单、项目导入、项目实施和案例四部分内容。

本教学工作页具有以下特点：

1. 以"做事"的职业行动作为认知起点，突出职业能力培养

将项目中每个任务的工作内容序化为作业准备、拆卸、检修和安装等完整的工作过程，在工作过程中认知发动机结构、作业方法、技术标准和工作要求等职业知识，即按照"实践—认识—再实践—再认识"认识总的发展规律，以"做事"的职业行动作为认知起点，在完成职业活动（包含职业行动和职业知识）过程中不断积淀职业能力，突出职业能力培养。

2. 使用多样化可视化表达方式和"即时反馈"，实现了因材施教

根据学习内容选择了鱼骨图、金字塔图、圆圈图、树形图、流程图、复流程图、列表及方框等多样化的学生学习过程可视化表达方式；学习过程可视化设计为即时反馈奠定了基础，教学过程针对问题"时时、事事、人人"的即时反馈，实现了班级集体授课制条件下的因材施教。

3. 设计实施"微组织"环节，实现"知识、能力、素养"一体化成长

每个行动都设计了"微组织：老师检查纠错，学生改正错误"环节。在教学过程中老师依据"合格标准"，采用检查纠错方式，对每个行动所涉及的"知识、能力、素养"进行即时反馈、纠正、刻意训练，学生在不断地改正错误直到正确为止的过程中，实现了"知识、能力、素养"一体化成长。

4. 多环节多形式的"专业＋思政＋创新"有机融合，实现"思创"培养目标

在项目导入中，保持与教材《汽车电器设备构造与检修》（ISBN 978-7-113-28513-5）一致的主题；本教学工作页使用全过程要求用铅笔按照规定字的大小书写在精心设计的

方框、图表中，培养学生一丝不苟、精益求精的匠人精神。通过以上多环节多形式的“专业＋思政＋创新”有机融合，实现在专业教育中突出“人的底色”与创新素质的培养目标。

5. 典型案例增加启示性、经验性知识

每个任务后面都设置了两个在检修过程中引发的真实复杂的故障案例，使学生受到启示，得以借鉴。

6. 校企行合作开发，充分融入职业要素

本教学工作页由吉林电子信息职业技术学院董括、张丹编著，其中董括编写项目一、项目三～项目六，张丹编写项目二。

吉林电子信息职业技术学院戚文革为本书的编写提供了大量案例。为本书审稿的是吉林省汽车维修协会秘书长李晶，她对全书进行了认真细致的审阅，并提出了宝贵的意见和建议，在此表示衷心的感谢！对在本书编著过程中给予大力支持的各位老师，在此表示衷心的感谢！

由于编著者水平有限，书中难免有疏漏之处，恳请广大读者批评指正。

编著者

2022 年 2 月

目　录

项目一　检修蓄电池

项目任务单

项目描述	完成实训车辆蓄电池检修作业
项目要求	符合实训车辆维修手册要求与标准，正确使用工具，完成如下检修作业： （1）检测蓄电池； （2）拆装蓄电池； （3）蓄电池充电
学习目标	（1）准确描述蓄电池的位置、结构、工作原理； （2）准确描述蓄电池的检修作业的方法； （3）准确描述蓄电池的拆装作业的方法； （4）准确描述蓄电池的充电作业方法； （5）规范地对蓄电池进行检测作业； （6）规范地对蓄电池进行拆装作业； （7）规范地对蓄电池进行充电作业； （8）养成自觉遵守技术标准和要求规定、规范操作、安全、环保、“5S”作业的好习惯； （9）树立技能报国的志向； （10）体会并提取电池发展史里的创新要素
项目载体	实训车辆上的蓄电池如下图 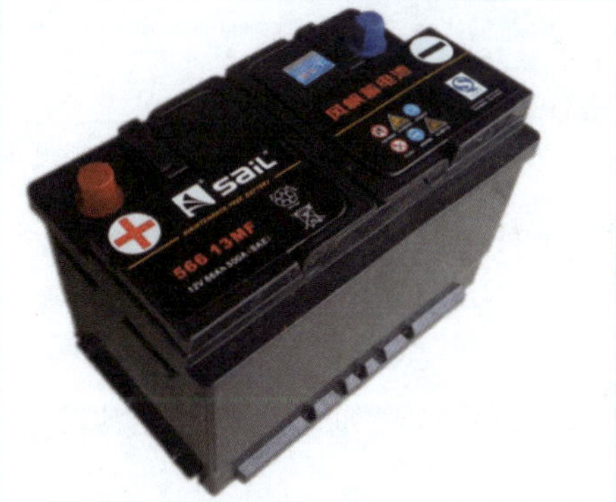
计划学时	4~8 学时

工作页	上课地点		学生姓名		完成 / 未完成
	任课教师		上课时间		优 / 良 / 中 / 及格

项目导入

汽车检测与维修专业的李强老师，一大早就接到了朋友的电话，原来他的车打不着火了。经过询问才知道，朋友过年期间去南方旅游 20 多天刚回来。车一直停在楼下，也没有事故的痕迹。李强通过视频和朋友沟通发现，汽车插入钥匙后，仪表盘能够正常点亮，但是当拧钥匙打火时，仪表盘灯迅速变暗，松开钥匙后，仪表盘灯又亮度正常。因此，李强老师判断，因为蓄电池亏电才导致车辆无法起动。

想一想，什么是蓄电池亏电？请用铅笔认真地写在下面的方格内。

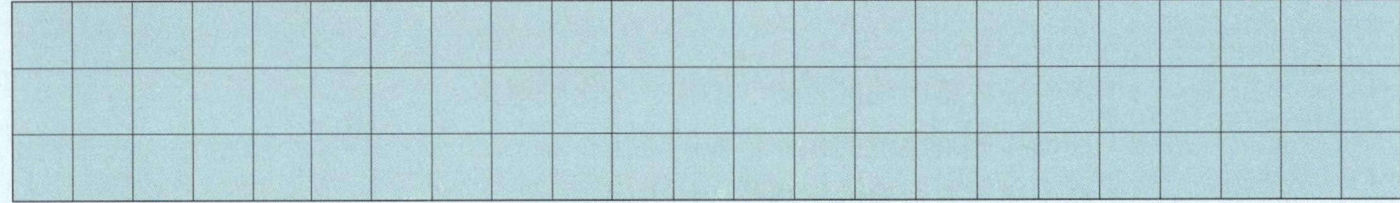

微组织 1：老师检查纠错，学生改正错误。微评价：☆☆☆☆☆

一、想一想，汽车上蓄电池有什么作用?

请根据老师讲解或查阅资料，分析一下蓄电池在车辆的不同工况时的作用，把相应的用电设备写在下图的空白处。

车辆不同工况时蓄电池的作用

微组织 2：老师检查纠错，学生改正错误。微评价：☆☆☆☆☆

二、初识蓄电池

1. 请根据老师讲解或查阅资料，判断下图中蓄电池的正负极位置，并将判断结果进行连线。

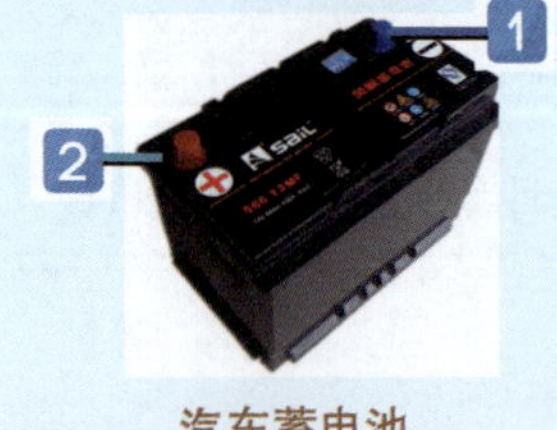

汽车蓄电池

微组织 3：老师检查纠错，学生改正错误。微评价：☆☆☆☆☆

2. 请根据老师讲解或查阅资料，总结一下蓄电池在车中一般都安装在哪些位置，并在下图的车辆位置上用“○”进行标注。

蓄电池在车上的位置

微组织 4：老师检查纠错，学生改正错误。微评价：☆☆☆☆☆

三、安全教育与防护要求

请大声说出安全与防护要求，做好防护准备，同时进行自检和互检。若已完成，请用铅笔在方框内打“√”。

□工作服穿戴要“四紧”；

□严禁佩戴手表等金属首饰；

□严禁摆弄与本次任务无关的设备和工具；

□严禁嬉戏打闹。

微组织 5：老师检查纠错，学生改正错误。微评价：☆☆☆☆☆

项目实施

任务一　检测蓄电池

步骤一　作业准备

请详细复述作业准备项目与内容，对照表 1-1-1 核准检查项目。若已准备，请在方框里画上“√”；若有遗漏，请补充后画上“√”。

表 1-1-1　检测蓄电池作业准备情况检查表

项目	内容
作业场地	带有消防设施的作业场地□
设备设施	实训车辆□ 工具车□ 零件车□ 垃圾桶□
工量辅具	套筒扳手组合套具□ 翼子板三件套□ 万用表□ 蓄电池检测仪□
耗材	清洁布□ 泡沫清洁剂□ 专用密封胶□ 防松胶□ 劳保手套□ 护目镜□

微组织 1：老师检查纠错，学生改正错误。微评价：☆☆☆☆☆

步骤二　检查蓄电池外观

1. 请结合老师讲解，查阅教材和观看相关视频，在图 1-1-1 右侧横线上用铅笔认真写出蓄电池各部分结构名称。

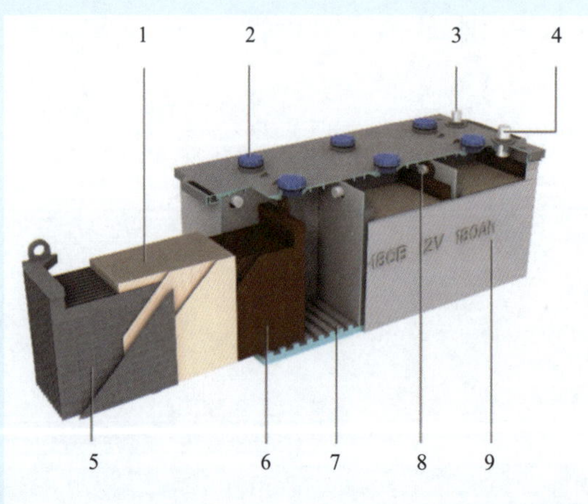

1. ________
2. ________
3. ________
4. ________
5. ________
6. ________
7. ________
8. ________
9. ________

图 1-1-1　蓄电池结构

微组织 2：老师检查纠错，学生改正错误。微评价：☆☆☆☆☆

2. 请结合老师讲解，请查阅教材，在表 1-1-2 的第一行用铅笔认真写出相应的蓄电池类型。

表 1-1-2　常见蓄电池类型

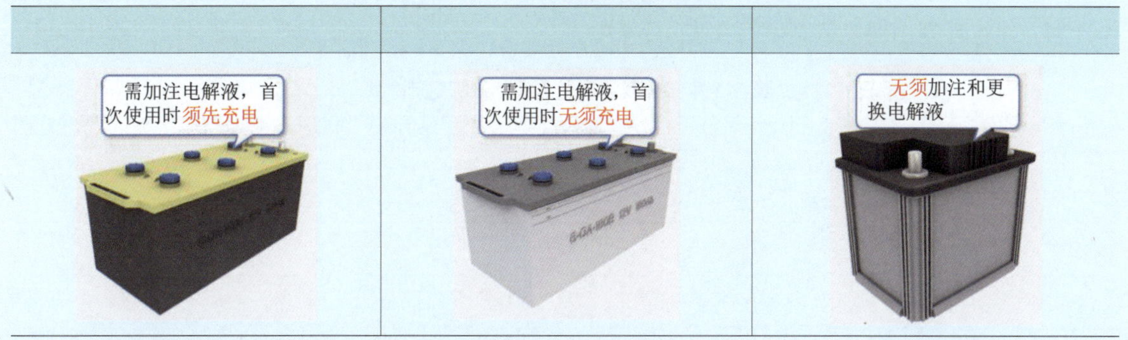

微组织 3：老师检查纠错，学生改正错误。微评价：☆☆☆☆☆

3. 请仔细观看老师示范，结合老师讲解、查阅教材和观看相关视频，将检查计划用铅笔认真填写在表 1-1-3 中。

表 1-1-3　检查蓄电池外观工作计划

工序	内容	工量辅具
1		
2		
3		
4		
5		
6		
7		

微组织 4：老师检查纠错，学生改正错误。微评价：☆☆☆☆☆

4. 回顾蓄电池外观检查的过程，分析一下，在工作的过程中各步骤中容易出现哪些问题，将问题按照操作的顺序填写在图 1-1-2 的横线上，并对产生原因进行简要分析。

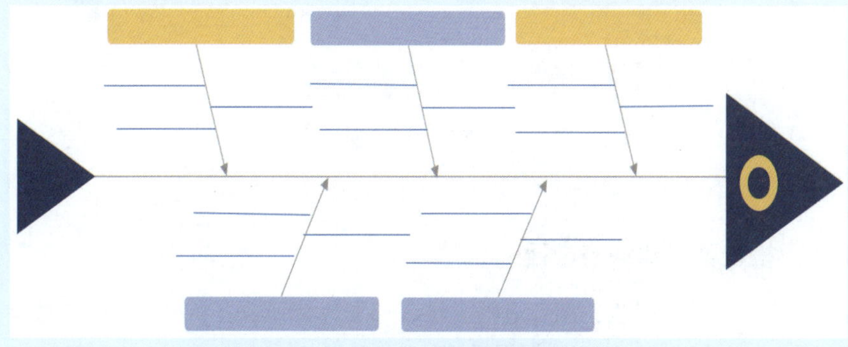

图 1-1-2　检查蓄电池外观常见问题

微组织 5：老师检查纠错，学生改正错误。微评价：☆☆☆☆☆

步骤三　检查蓄电池静态电压

1. 请观看老师示范，结合老师讲解、查阅教材和观看相关视频，制订检查蓄电池静态电压工作计划，检查计划用铅笔认真填写在表 1-1-4 中。

表 1-1-4　检查蓄电池静态电压工作计划

工序	内容	工量辅具
1		
2		
3		
4		

微组织 6：老师检查纠错，学生改正错误。微评价：☆☆☆☆☆

2. 根据工作计划检测蓄电池的静态电压，并查找相关资料和手册，确定蓄电池的静态电压标准，判定蓄电池的结果是否合格，并填写到表 1-1-5 中。

表 1-1-5　检测蓄电池静态电压记录表

序号	项目	技术标准和要求	检测结果	判定结果
1	蓄电池静态电压			□合格 □不合格

微组织 7：老师检查纠错，学生改正错误。微评价：☆☆☆☆☆

3. 回顾蓄电池静态电压检查的过程，分析一下，在工作的过程中各步骤中容易出现哪些问题，将问题填写在图 1-1-3 的横线上，并对产生原因进行简要分析。

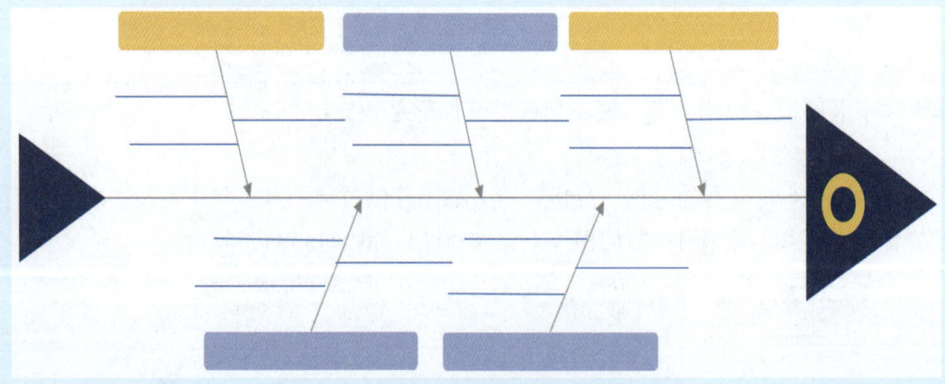

图 1-1-3　检查蓄电池静态电压常见问题

微组织 8：老师检查纠错，学生改正错误。微评价：☆☆☆☆☆

步骤四　检查蓄电池动态电压

1. 请观看老师示范检查过程，结合老师讲解、查阅教材和观看相关视频，制订检查蓄电池动态电压工作计划及必要的工具，检查计划用铅笔认真填写在表 1-1-6 中。

表 1-1-6　检查蓄电池动态电压工作计划

工序	内容	工量辅具
1		
2		
3		
4		

微组织 9：老师检查纠错，学生改正错误。微评价：☆☆☆☆☆

2. 根据工作计划检测蓄电池的动态电压，并查找相关资料和手册，确定蓄电池的动态电压标准，判定蓄电池的结果是否合格，并填写到表 1-1-7 中。

表 1-1-7　检测蓄电池动态电压记录表

序号	项目	技术标准和要求	检测结果	判定结果
1	蓄电池动态电压			□合格 □不合格

微组织 10：老师检查纠错，学生改正错误。微评价：☆☆☆☆☆

3. 回顾蓄电池动态电压检查的过程，分析一下，在工作的过程中各步骤中容易出现哪些问题，将问题填写在图 1-1-4 的空格内，并对产生原因进行简要分析。

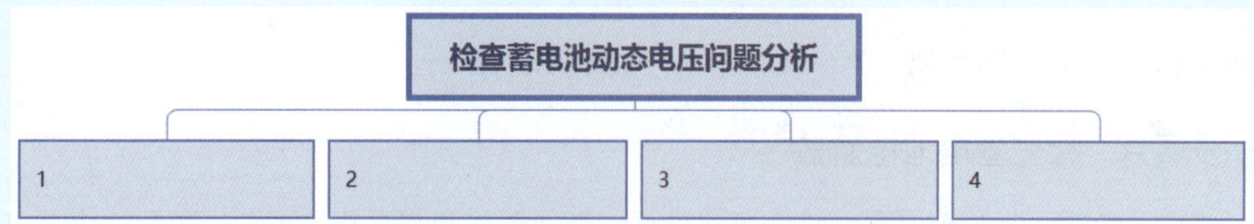

图 1-1-4　检查蓄电池动态电压常见问题

微组织 11：老师检查纠错，学生改正错误。微评价：☆☆☆☆☆

步骤五　检查起动时蓄电池电压

1. 请观看老师示范检查过程，结合老师讲解、查阅教材和观看相关视频，制订检查起动时蓄电池电压工作计划及必要的工具，检查计划用铅笔认真填写在表 1-1-8 中。

表 1-1-8　检查蓄电池起动电压工作计划

工序	内容	工量辅具
1		
2		
3		
4		

微组织 12：老师检查纠错，学生改正错误。微评价：☆☆☆☆☆

2. 根据工作计划检测起动时蓄电池电压，并查找相关资料和手册，确定蓄电池起动时电压标准，判定蓄电池的结果是否合格，并填写到表 1-1-9 中。

表 1-1-9　检测蓄电池起动时电压记录表

序号	项目	技术标准和要求	检测结果	判定结果
1	蓄电池起动时电压			□合格 □不合格

微组织 13：老师检查纠错，学生改正错误。微评价：☆☆☆☆☆

3. 回顾蓄电池起动时电压检查的过程，分析一下，在工作的过程中各步骤中容易出现哪些问题，并填写在图 1-1-5 中的横线上，并对产生原因进行简要分析。

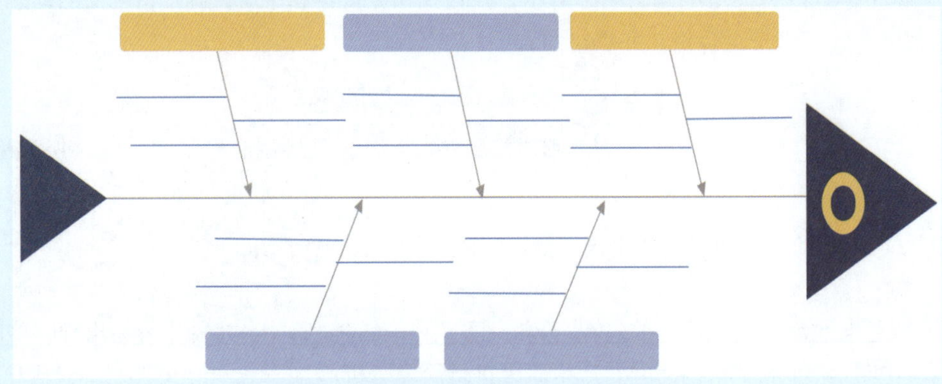

图 1-1-5　检测蓄电池起动电压常见问题

微组织 14：老师检查纠错，学生改正错误。微评价：☆☆☆☆☆

步骤六　检查蓄电池电解液

1. 请观看老师示范检查过程，结合老师讲解、查阅教材和观看相关视频，制订检查蓄电池电解液工作计划及必要的工具，检查计划用铅笔认真填写在表 1-1-10 中。

表 1-1-10　检查蓄电池电解液工作计划

工序	内容	工量辅具
1		
2		
3		
4		
5		

微组织 15：老师检查纠错，学生改正错误。微评价：☆☆☆☆☆

2．根据工作计划检测蓄电池电解液，并查找相关资料和手册，确定蓄电池电解液标准，判定蓄电池的结果是否合格，并填写到表 1-1-11 中。

表 1-1-11　检测蓄电池电解液记录表

序号	项目	技术标准和要求	检测结果	判定结果
1	蓄电池电解液是否浑浊			□继续使用　□更换
2	蓄电池电解液液位			□继续使用　□更换

微组织 16：老师检查纠错，学生改正错误。微评价：☆☆☆☆☆

3．回顾蓄电池电解液检查的过程，分析一下，在工作的过程中各步骤中容易出现哪些问题，将问题填写在图 1-1-6 的横线上，并对产生原因进行简要分析。

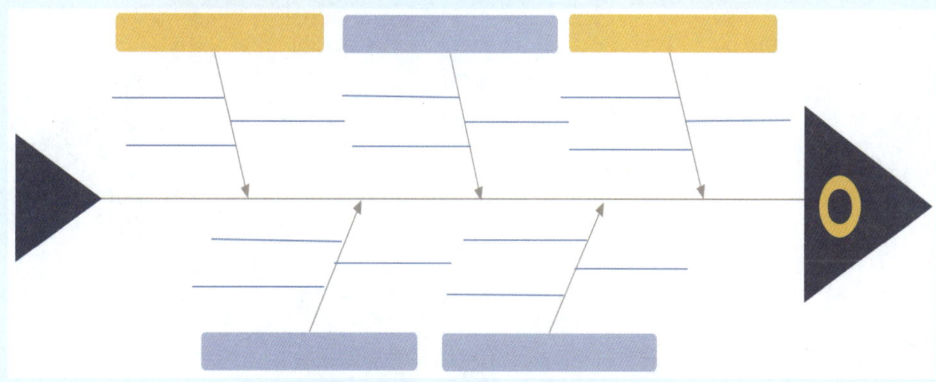

图 1-1-6　检查蓄电池电解液常见问题

微组织 17：老师检查纠错，学生改正错误。微评价：☆☆☆☆☆

步骤七　检查蓄电池性能

1．请观看老师示范检查过程，结合老师讲解、查阅教材和观看相关视频，制订检查蓄电池性能工作计划及必要的工具，检查计划用铅笔认真填写在表 1-1-12 中。

表 1-1-12　检查蓄电池性能工作计划

工序	内容	工量辅具
1		
2		
3		
4		
5		

微组织 18：老师检查纠错，学生改正错误。微评价：☆☆☆☆☆

2．根据工作计划检测蓄电池性能，并查找相关资料和手册，确定蓄电池性能标准，判定蓄电池的结果是否合格，并填写到表 1-1-13 中。

表 1-1-13　检测蓄电池性能记录表

序号	项目	技术标准和要求	检测结果	判定结果
1	高率放电计读数			□继续使用　□更换

微组织 19：老师检查纠错，学生改正错误。微评价：☆☆☆☆☆

3．回顾蓄电池性能检查的过程，分析一下，在工作的过程中各步骤中容易出现哪些问题，将问题填写在图 1-1-7 的横线上，并对产生原因进行简要分析。

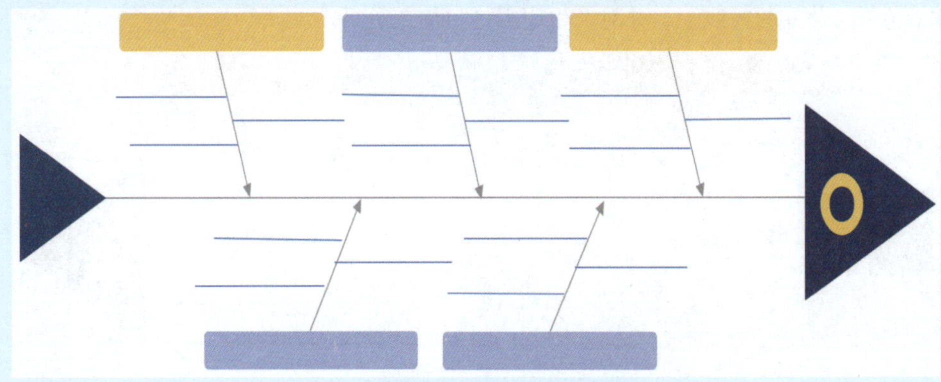

图 1-1-7　检查蓄电池性能常见问题

微组织 20：老师检查纠错，学生改正错误。微评价：☆☆☆☆☆

4．请查阅教材及相关资料，总结蓄电池常见故障原因及故障现象，填入图 1-1-8 中。

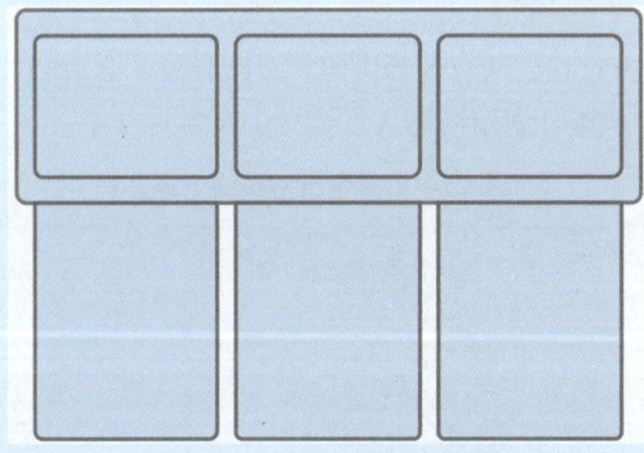

图 1-1-8　蓄电池常见故障

微组织 21：老师检查纠错，学生改正错误。微评价：☆☆☆☆☆

案例

案例一：蓄电池熄火后用电，导致汽车起动困难

某汽修厂接到顾客电话咨询，当插入钥匙起动时，看见仪表盘背光灯变暗，听见电动机转动声音频率较低，发动机无法起动。通过和车主沟通了解到，车主熄火后曾在车内长时间听收音机。在维修师傅的指导下，车主打开发动机舱，观察蓄电池的观察窗，发现观察窗内的颜色为黑色。

很多汽车蓄电池上有观察窗，通过里面的颜色可以判断出蓄电池的状态。绿色表示蓄电池正常，黑色表示电量不足，黄色或白色表示蓄电池故障。根据此车的蓄电池观察窗显示可以判断，由于车主在熄火后长时间用电，导致车辆蓄电池电量消耗，引起车辆起动时电量不足，无法起动。当车辆出现亏电而无法起动时，可以将故障车辆的蓄电池正负极与另一辆正常汽车的蓄电池正负极通过专用导线相连，俗称“对火”。故障车辆利用正常车辆的蓄电池能量起动。车辆起动后，由发电机为车辆供电的同时为蓄电池充电，从而解决蓄电池亏电的问题。车辆在熄火后，应该关闭车辆所有的电器，以免造成蓄电池亏电。

案例二：冬天气温低，电池衰减导致汽车起动困难

东北某客户在冬天起动车辆时，发现旋转钥匙起动车辆时，起动机转动声音异常，发动机无法起动。经过和维修人员咨询后得知，自己的蓄电池由于已经用了将近三年，本身蓄电能力就有所衰减，再加上由于东北的冬天温度较低，使蓄电池的容量衰减加剧，导致车辆因电量不足而无法正常起动。

汽车蓄电池的寿命一般在 2 ~ 3 年，蓄电池的寿命主要和行驶的车况、路况、驾驶员的习惯有很直接的关系，在日常用车的过程中注意以下几点就可以大大延长蓄电池的使用寿命：

（1）蓄电池是依靠车辆的发电机进行充电的。发电机充电只能在发动机运转的前提下才可以。在日常使用过程中，应尽量避免在发动机不运转的状态下，使用车辆电器设备，例如听收音机、看视频等。

（2）车辆如果长时间停放，一定要将蓄电池断开，因为当车辆遥控锁车后，虽然车辆电器系统会进入休眠状态，但也会有少量的电流消耗。

（3）如果车辆经常短途行驶，使用一段时间蓄电池由于没有及时充满电，会大大缩短使用寿命，需要定期延长车辆的行驶时间（不小于 30 min），或者定期用外接设备进行充电。

任务二　拆装蓄电池

步骤一　作业准备

请详细复述作业准备项目与内容，对照表 1-2-1 核准检查项目。若已准备，请在方框里画上“√”；若有遗漏，请补充后画上“√”。

表 1-2-1　检测蓄电池作业准备情况检查表

项目	内容
作业场地	带有消防设施的作业场地□
设备设施	实训车辆□ 工具车□ 零件车□ 垃圾桶□
工量辅具	套筒扳手组合套具□ 翼子板三件套□ 万用表□ 扭力扳手□
耗材	清洁布□ 泡沫清洁剂□ 专用密封胶□ 防松胶□ 劳保手套□

微组织 1：老师检查纠错，学生改正错误。微评价：☆☆☆☆☆

步骤二　拆卸蓄电池

1. 仔细观察蓄电池壳体上的安全标识符号，查阅教材及相关资料，将安全标识和正确的描述用线连在一起。

遵守电气装置维修手册和使用说明书中有关蓄电池的说明

处理蓄电池时有爆炸危险

在处理蓄电池时严禁明火、火花、强光和吸烟

旧蓄电池不能当作生活垃圾来处理

在进行蓄电池方面的工作时必须戴上护目镜

必须使儿童远离电解液和蓄电池

回收处理：旧蓄电池是特殊垃圾

蓄电池不允许翻转，否则电解液会从排气孔流出

微组织 2：老师检查纠错，学生改正错误。微评价：☆☆☆☆☆

2．请在维修手册上查阅蓄电池装配图，并用铅笔在图 1-2-1 右侧横线上写出相应的零件名称。

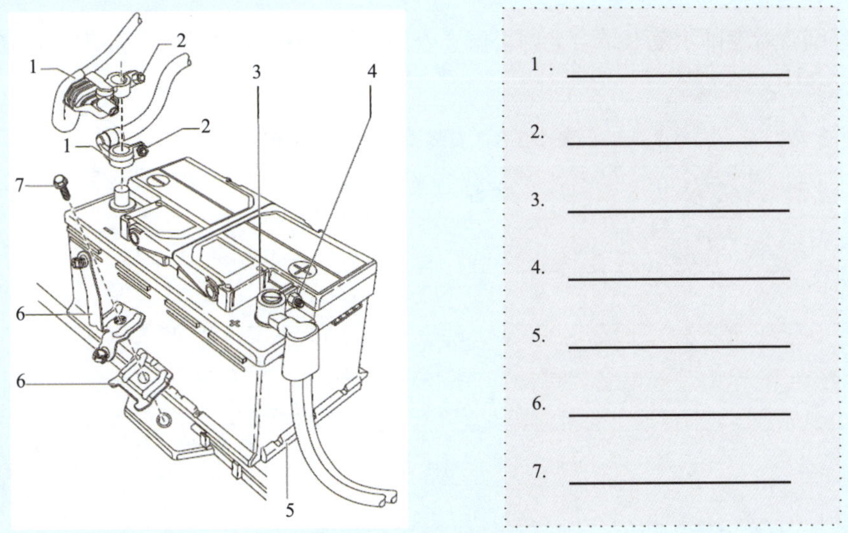

图 1-2-1　蓄电池装配图

微组织 3：老师检查纠错，学生改正错误。微评价：☆☆☆☆☆

3．请仔细观看老师示范，结合老师讲解、查阅教材和观看相关视频，将拆卸计划用铅笔认真填写在表 1-2-2 中。

表 1-2-2　拆卸蓄电池工作计划

工序	内容	工量辅具
1		
2		
3		
4		

微组织 4：老师检查纠错，学生改正错误。微评价：☆☆☆☆☆

4．请根据拆卸计划实施拆卸蓄电池，详细总结操作过程中容易出现的问题，试着分析产生原因，并归纳出关键词，用铅笔认真填写在图 1-2-2 的横线上。

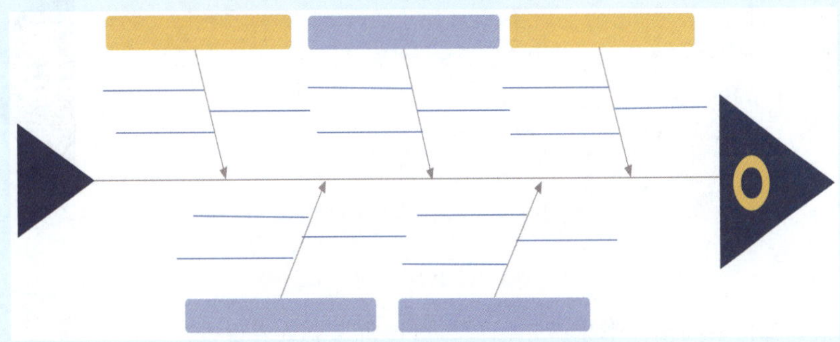

图 1-2-2　拆卸蓄电池常见问题

微组织 5：老师检查纠错，学生改正错误。微评价：☆☆☆☆☆

步骤三 安装蓄电池

1. 请仔细观看老师示范，结合老师讲解、查阅教材和观看相关视频，将安装计划用铅笔认真填写在表 1-2-3 中。

表 1-2-3 安装蓄电池工作计划

工序	内容	工量辅具
1		
2		
3		
4		
5		
6		
7		

微组织 6：老师检查纠错，学生改正错误。微评价：☆☆☆☆☆

2. 请查阅教材和维修手册，完善表 1-2-4。

表 1-2-4 蓄电池安装技术标准

项目	技术标准和要求
紧固蓄电池压紧螺栓扭矩	
电缆端子螺母扭矩	

微组织 7：老师检查纠错，学生改正错误。微评价：☆☆☆☆☆

3. 请根据安装计划实施安装蓄电池，详细总结操作过程中容易出现的问题，试着分析产生原因，并归纳出关键词，用铅笔认真填写在图 1-2-3 的横线上。

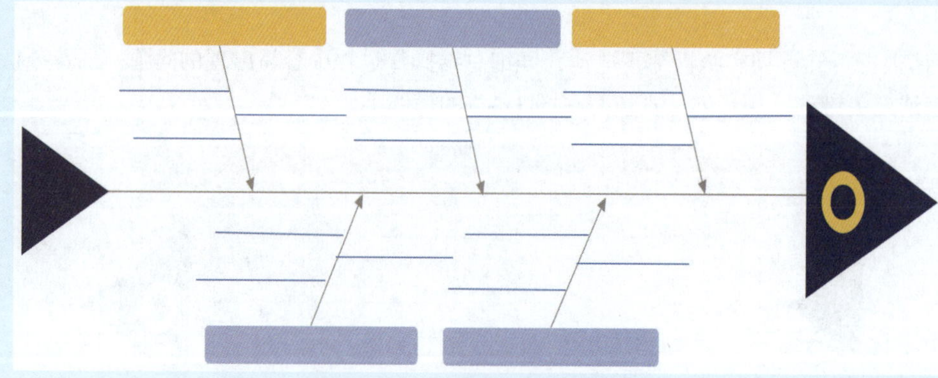

图 1-2-3 安装蓄电池常见问题

微组织 8：老师检查纠错，学生改正错误。微评价：☆☆☆☆☆

案例

案例一：蓄电池负极接线柱接触不良

某修理厂的工人在为客户更换蓄电池时，由于着急，在安装蓄电池正极电缆时，将正极电缆套入接线柱后，没有用扳手拧紧固定螺母。当插入钥匙起动时，看见仪表盘背光灯变暗，起动机无法起动。重新检查之后才发现，由于蓄电池正极电缆的固定螺母没有拧紧，导致蓄电池正极接触不良。

接触不良是蓄电池安装时常见的故障之一。当电缆和接线柱没有可靠接触时，会导致电路接触不良，影响车辆正常使用。蓄电池接触不良的原因可能是由于接线柱固定螺母没拧紧，也可能是蓄电池极柱污损、生锈等原因。

案例二：拆卸蓄电池电缆顺序错误

某客户在自己更换汽车蓄电池时，由于缺乏专业知识，在拆卸蓄电池电缆时，决定先拆卸正极电缆，后拆卸负极电缆。可是他在拆卸正极电缆时，不小心扳手碰到车身，瞬间引起了火花。

汽车电器设备的特点就是低压、直流、单线制、负极搭铁。低压、直流好理解，单线制、负极搭铁是指汽车的金属车身作为汽车上所有电器设备的公共负极并与蓄电池的负极相连。这样做的好处是可以节省大量的导线，并且使汽车电路简化。但是在这种情况下，汽车蓄电池只要与车身上的金属部分接触，就相当于正负极直接相连了，也就是所谓的“短路”，会对蓄电池和线路造成比较大的损伤。正因为如此，在拆装蓄电池时，必须先拆后装负极连接线。假如先拆蓄电池的正极线，在拆卸过程中只要金属扳手与车身接触，就会导致短路，甚至有时会有火花，严重时有可能烧毁汽车熔丝，或者造成汽车某些线路的烧毁，所以汽车蓄电池电缆在拆卸时，一定要先拆负极，后拆正极。在安装时，先装正极，后装负极。

任务三　蓄电池充电

步骤一　作业准备

请详细复述作业准备项目与内容，对照表 1-3-1 核准检查项目。若已准备，请在方框里画上“√”；若有遗漏，请补充后画上“√”。

表 1-3-1　蓄电池充电作业准备情况检查表

项目	内容
作业场地	带有消防设施的作业场地□
设备设施	实训车辆□　工具车□　零件车□　垃圾桶□
工量辅具	套筒扳手组合套具□　翼子板三件套□　万用表□　充电机□
耗材	清洁布□　泡沫清洁剂□　专用密封胶□　防松胶□　劳保手套□　护目镜□

微组织 1：老师检查纠错，学生改正错误。微评价：☆☆☆☆☆

步骤二　蓄电池充电

1. 仔细观察蓄电池充电机，找到图 1-3-1 所示的功能键位置，并在右边的横线上写出各功能键的作用。

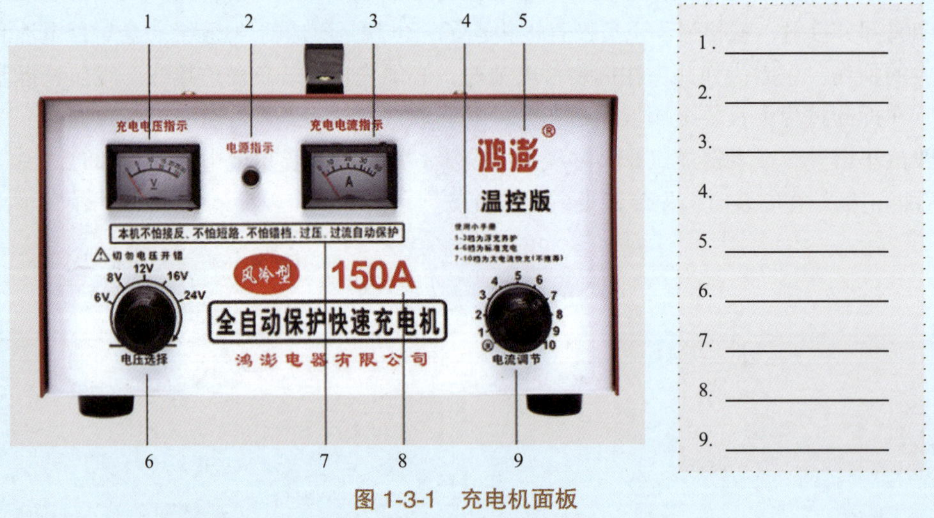

图 1-3-1　充电机面板

微组织 2：老师检查纠错，学生改正错误。微评价：☆☆☆☆☆

2. 请观察实训用的蓄电池容量及型号，填入图 1-3-2 中，并写出每个数字或字母的含义：

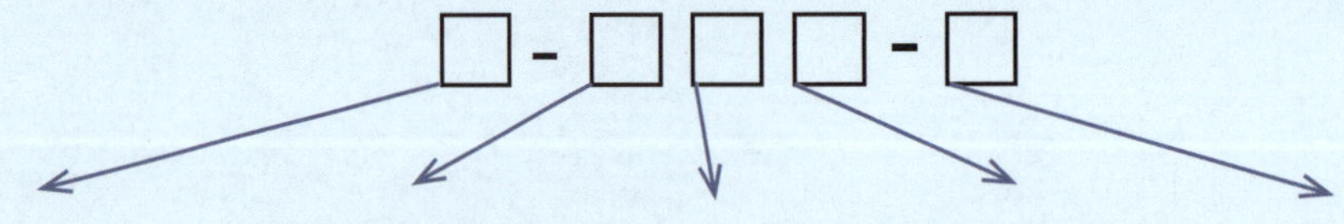

________　________　________　________　________

图 1-3-2　蓄电池型号

微组织 3：老师检查纠错，学生改正错误。微评价：☆☆☆☆☆

3．请仔细观看老师示范，结合老师讲解、查阅教材和观看相关视频，将蓄电池充电工作计划用铅笔认真填写在表 1-3-2 中。

表 1-3-2　蓄电池充电工作计划

工序	内容	工量辅具
1		
2		
3		
4		
5		
6		
7		

微组织 4：老师检查纠错，学生改正错误。微评价：☆☆☆☆☆

4．请根据计划实施蓄电池充电，详细总结操作过程中容易出现的问题，试着分析产生原因，并归纳出关键词，用铅笔认真填写在图 1-3-3 的横线上。

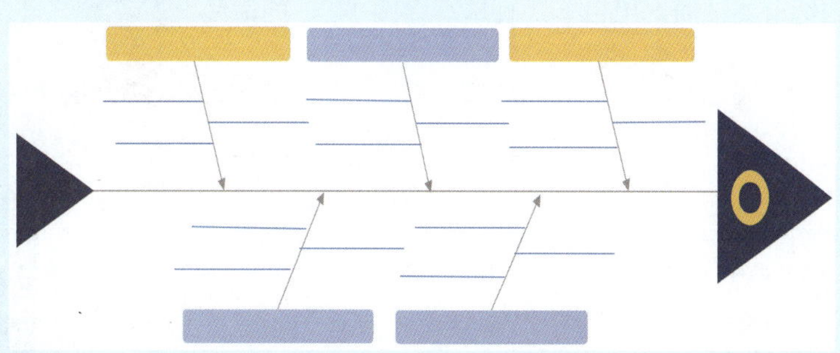

图 1-3-3　蓄电池充电常见故障

微组织 5：老师检查纠错，学生改正错误。微评价：☆☆☆☆☆

步骤三　蓄电池充电检测

1．请仔细观看老师示范，结合老师讲解、查阅教材和观看相关视频，将蓄电池充电检测工作计划用铅笔认真填写在表 1-3-3 中。

表 1-3-3　蓄电池充电检测工作计划

工序	内容	工量辅具
1		
2		
3		
4		

微组织 6：老师检查纠错，学生改正错误。微评价：☆☆☆☆☆

2．请查阅资料，总结蓄电池观察窗内的指示灯不同颜色所代表的含义，用铅笔认真填写在图 1-3-4 的空白处。

图 1-3-4　蓄电池指示灯含义

微组织 7：老师检查纠错，学生改正错误。微评价：☆☆☆☆☆

3．请根据蓄电池充电检测工作计划实施检测，详细总结操作过程中容易出现的问题，试着分析产生原因，并归纳出关键词，用铅笔认真填写在图 1-3-5 的横线上。

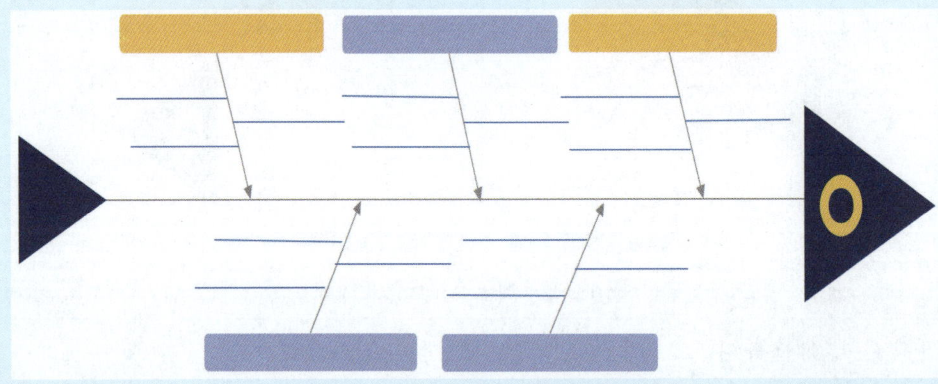

图 1-3-5　蓄电池充电检测常见问题

微组织 8：老师检查纠错，学生改正错误。微评价：☆☆☆☆☆

案例

案例一：蓄电池规格选择错误

一天早晨，李强在起动车辆时，发现车辆无法正常起动：当插入钥匙起动时，看见仪表盘背光灯变暗，听见电动机转动声音频率较低，发动机无法起动。车主打开发动机舱，观察蓄电池的观察窗，发现观察窗内的颜色为黄色。根据蓄电池上的提示，他判断该蓄电池故障，需要更换蓄电池。刚好隔壁老王有一个新电池，和李强的蓄电池型号一样，可当他安装新电池时才发现，新电池比原来的电池大，根本无法放进电池底座。

不同汽车上的蓄电池，虽然型号相同，但是只能表明电池的技术指标是相同的，并不能说明其外形的尺寸、极柱的直径、距离也相同。而车辆的蓄电池底座和正负极接线调整空间极其有限。所以在选择蓄电池时，一定要注意，除了考虑蓄电池的型号，还要注意蓄电池的外形参数。

案例二：蓄电池充电电流过大

某修配厂的维修人员在用充电机给蓄电池充电时，由于着急，将充电电流调整至四挡后，并未及时监测蓄电池的充电状态，导致蓄电池的温度迅速升高，使电解液沸腾，幸好被其他工作人员发现，及时切断了电源，避免了危险的发生。

在蓄电池充电时，一般不要过度充电，虽说充电机产生的电流并不是很大，但由于电解液长时间处于沸腾状态，不仅活性物质表面的细小颗粒容易出现脱落，严重时还会使栅架出现氧化，导致活性物质与栅架的松散剥离。蓄电池的充电电流与蓄电池容量有关，一般是蓄电池容量的1/10（误差为 ±0.5），例如规格为 12 V，20 A·h 的蓄电池，正常充电电流则是 1.5 ~ 2.5 A。使用时应按照相应的输出电流，调节充电器上面的挡位。充电电流过大，不仅会影响蓄电池的使用寿命，还容易造成起火等事故。

笔记栏

项目二　检测与拆装交流发电机

项目任务单

项目描述	完成实训车辆交流发电机检测与拆装作业
项目要求	符合实训车辆维修手册要求与标准，正确使用工具，完成如下检修作业： （1）拆装交流发电机； （2）拆检交流发电机
学习目标	（1）准确描述交流发电机的位置、结构、工作原理； （2）准确描述交流发电机的拆装方法； （3）准确描述交流发电机的拆检方法； （4）规范地对交流发电机进行拆装作业； （5）规范地对交流发电机进行拆检作业； （6）养成自觉遵守技术标准和要求规定、规范操作、安全、环保、“5S”作业的好习惯； （7）养成精益求精的工作习惯； （8）体会并提取发动机电控系统发展史的创新要素
项目载体	实训车辆及交流发电机如下图 
计划学时	8~12 学时

工作页	上课地点		学生姓名		完成 / 未完成
	任课教师		上课时间		优 / 良 / 中 / 及格

项目导入

一天，汽车检测与维修技术专业的李强老师，接到了朋友的电话，原来他的车在行驶的过程中，仪表板上突然出现了类似电池的图标，马上向李强求助。李强让他把车迅速停到安全位置，等待救援。

你知道仪表板上这个图标代表什么含义吗？什么原因会引起这个故障呢？想一想，请用铅笔认真地写在下面的方格内。

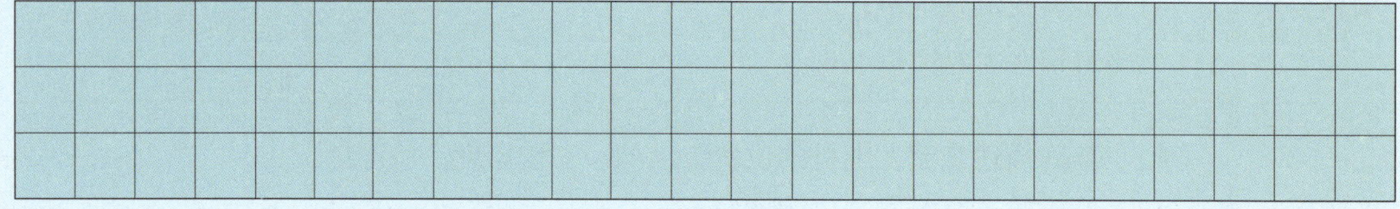

微组织 1：老师检查纠错，学生改正错误。微评价：☆☆☆☆☆

一、想一想，汽车上交流发电机有什么作用

请观察下图，根据老师讲解或查阅资料，分析一下交流发电机在车辆中有什么作用，请用铅笔认真地写在下面的方格内。

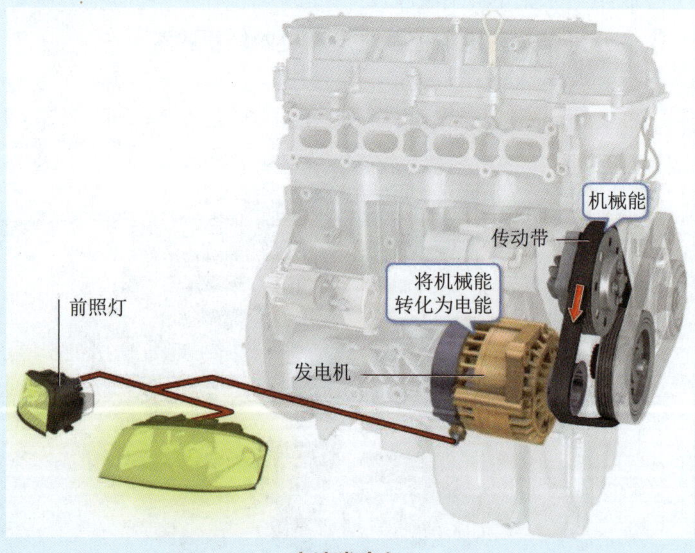

交流发电机

微组织 2：老师检查纠错，学生改正错误。微评价：☆☆☆☆☆

二、初识交流发电机

请根据老师讲解或查阅资料，结合实训室的车辆，找到交流发电机在车中的安装位置，并在下图的车辆位置图上用“○”进行标注。

交流发电机在车上的位置

微组织 3：老师检查纠错，学生改正错误。微评价：☆☆☆☆☆

三、安全教育与防护要求

请大声说出安全与防护要求，做好防护准备，同时进行自检和互检。若已完成，请用铅笔在方框内打“√”。

□工作服穿戴要“四紧”；

□严禁佩戴手表等金属首饰；

□严禁摆弄与本次任务无关的设备和工具；

□严禁嬉戏打闹。

微组织 4：老师检查纠错，学生改正错误。微评价：☆☆☆☆☆

项目实施

任务一　拆装交流发电机

步骤一　作业准备

请详细复述作业准备项目与内容，对照表 2-1-1 核准检查项目。若已准备，请在方框里画上“√”；若有遗漏，请补充后画上“√”。

表 2-1-1　拆装交流发电机作业准备情况检查表

项目	内容
作业场地	带有消防设施的作业场地□
设备设施	实训车辆□ 工具车□ 零件车□ 垃圾桶□
工量辅具	套筒扳手组合套具□ 翼子板三件套□ 万用表□ 钳形电流表□
耗材	清洁布□ 泡沫清洁剂□ 专用密封胶□ 防松胶□ 劳保手套□

微组织 1：老师检查纠错，学生改正错误。微评价：☆☆☆☆☆

步骤二　拆卸交流发电机

1. 请根据老师讲解，查阅教材及相关资料，将交流发电机的工作原理，用铅笔认真写在下面方格中。

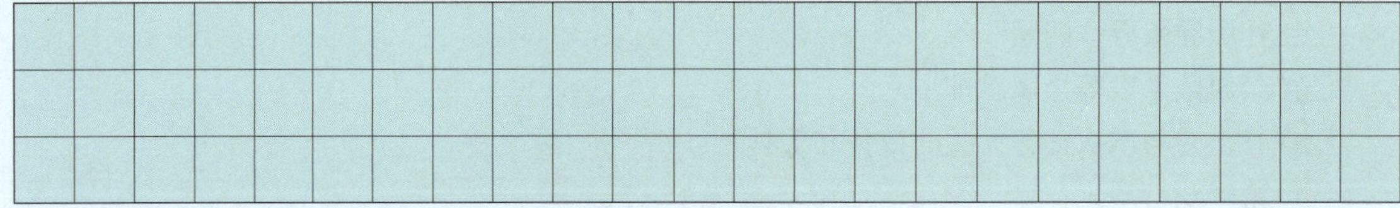

微组织 2：老师检查纠错，学生改正错误。微评价：☆☆☆☆☆

2. 请仔细观看老师示范，结合老师讲解、查阅教材和观看相关视频，将拆卸交流发电机工作计划用铅笔认真填写在表 2-1-2 中。

表 2-1-2　拆卸交流发电机工作计划

工序	内容	工量辅具
1		
2		
3		
4		
5		
6		

微组织 3：老师检查纠错，学生改正错误。微评价：☆☆☆☆☆

3．请根据工作计划实施交流发电机拆卸作业，详细总结操作过程中容易出现的问题，试着分析产生原因，并归纳出关键词，用铅笔认真填写在图 2-1-1 的横线上。

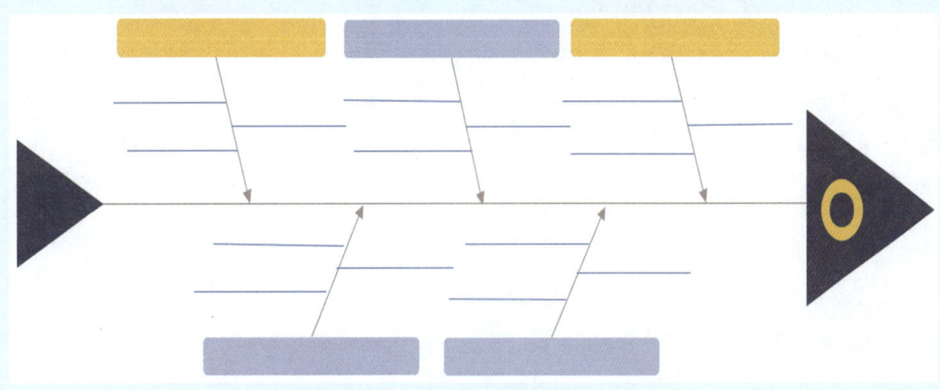

图 2-1-1　拆卸交流发电机常见问题

微组织 4：老师检查纠错，学生改正错误。微评价：☆☆☆☆☆

步骤三　安装交流发电机

1．请仔细观看老师示范，结合老师讲解、查阅教材和观看相关视频，将安装交流发电机工作计划用铅笔认真填写在表 2-1-3 中。

表 2-1-3　安装交流发电机工作计划

工序	内容	工量辅具
1		
2		
3		
4		
5		
6		
7		
8		
9		
10		
11		
12		

微组织 5：老师检查纠错，学生改正错误。微评价：☆☆☆☆☆

2. 请根据计划实施交流发电机安装作业，详细总结操作过程中容易出现的问题，试着分析产生原因，并归纳出关键词，用铅笔认真填写图 2-1-2 的横线上。

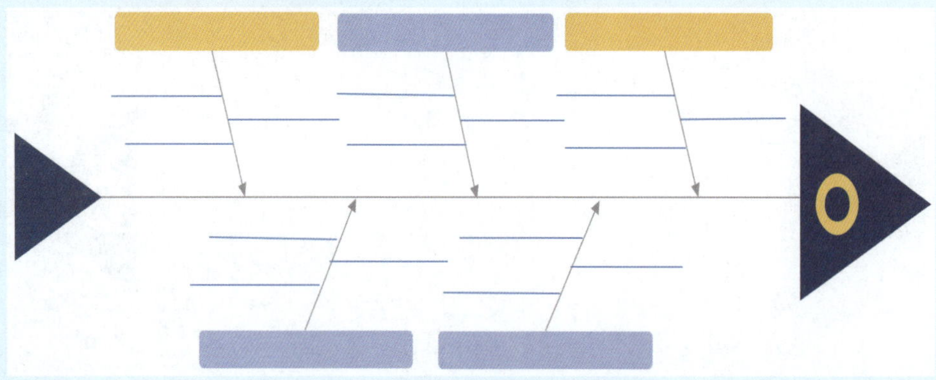

图 2-1-2　安装交流发电机常见问题

微组织 6：老师检查纠错，学生改正错误。微评价：☆☆☆☆☆

步骤四　检查发电机运行状态

1. 请仔细观看老师示范，结合老师讲解、查阅教材和观看相关视频，将检查发电机运行状态计划用铅笔认真填写在表 2-1-4 中。

表 2-1-4　检查发电机运行状态工作计划

工序	内容	工量辅具
1		
2		
3		
4		
5		

微组织 7：老师检查纠错，学生改正错误。微评价：☆☆☆☆☆

2. 请根据计划实施交流发电机检查作业，详细总结操作过程中容易出现的问题，试着分析产生原因，并归纳出关键词，用铅笔认真填写在图 2-1-3 的横线上。

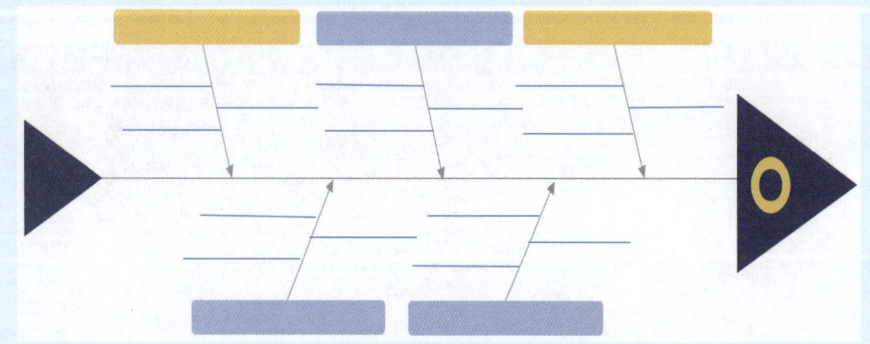

图 2-1-3　检查交流发电机常见问题

微组织 8：老师检查纠错，学生改正错误。微评价：☆☆☆☆☆

案例

案例一：拆卸交流发电机未标记发电机多楔带方向

某汽车检测与维修技术专业的学生张亮在进行拆卸交流发电机实训时，没有标注交流发电机多楔带的方向就要开始操作，被实训指导老师及时发现并纠正错误。

交流发电机在工作时，需要靠发电机的多楔带传递动力，即多楔带长期在一个方向受力。当发电机的多楔带安装方向和原来相反，即更换多楔带的受力方向，相当于对多楔带反向拉扯，容易在橡胶传送带上形成细小裂纹，影响多楔带的使用寿命，对用户造成潜在损失。

案例二：发电机多楔带粘上机油

某汽车修理厂的维修人员在为客户更换机油时，由于操作不慎，不小心把机油洒在了发电机的多楔带上，导致多楔带上粘有大量机油，本以为把油擦干净就可以了，不料被客户发现，进行了投诉。

发电机多楔带的材质为橡胶，在粘上油脂后，会使表面的摩擦力减小，造成与发电机带轮之间的打滑，不仅会影响发电机的发电效率，严重时会使发电机无法发电。另外，当多楔带上粘油，会使车辆在行驶时黏附很多的灰尘和脏污，造成起动困难（即阻力加大）并容易产生传送带早期磨损。

一般发电机多楔带粘上机油时，在车辆熄火状态下，转动多楔带，用软布加酒精慢慢擦拭，包括带轮。为了防止火灾，酒精挥发完后才能起动汽车。

任务二　拆检交流发电机

步骤一　作业准备

请详细复述作业准备项目与内容，对照表 2-2-1 核准检查项目。若已准备，请在方框里画上"√"；若有遗漏，请补充后画上"√"。

表 2-2-1　拆检交流发电机作业准备情况检查表

项目	内容
作业场地	带有消防设施的作业场地□
设备设施	实训车辆□ 工具车□ 零件车□ 垃圾桶□
工量辅具	套筒扳手组合套具□ 翼子板三件套□ 万用表□ 带轮专用拆装工具□ 专用拉拔器□ 台虎钳□ 游标卡尺□
耗材	清洁布□ 泡沫清洁剂□ 专用密封胶□ 防松胶□ 劳保手套□

微组织 1：老师检查纠错，学生改正错误。微评价：☆☆☆☆☆

步骤二　分解发电机

1．请仔细观看老师示范，结合老师讲解、查阅教材和观看相关视频，将分解发电机工作计划用铅笔认真填写在表 2-2-2 中。

表 2-2-2　分解发电机工作计划

工序	内容	工量辅具
1		
2		
3		
4		

微组织 2：老师检查纠错，学生改正错误。微评价：☆☆☆☆☆

2．请根据计划实施分解发电机作业，详细总结操作过程中容易出现的问题，试着分析产生原因，并归纳出关键词，用铅笔认真填写在图 2-2-1 的横线上。

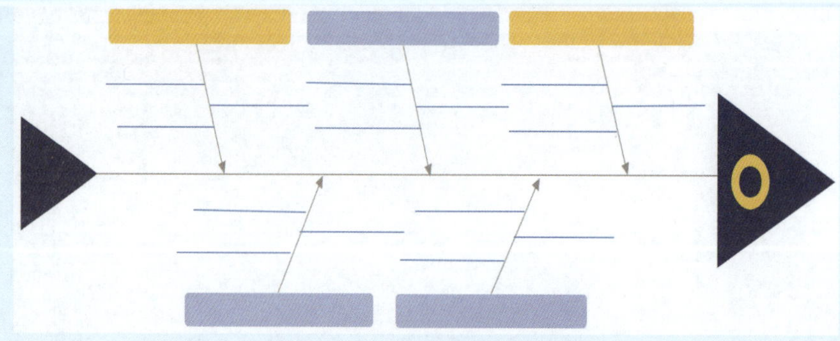

图 2-2-1　分解发电机常见问题

微组织 3：老师检查纠错，学生改正错误。微评价：☆☆☆☆☆

3．请观察拆解的交流发电机零部件，查阅教材或相关资料，写出图 2-2-2 中各零部件名称并描述其作用。

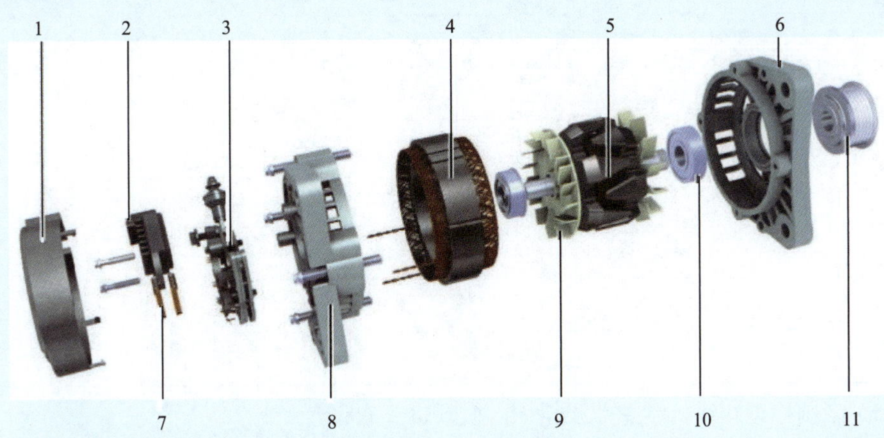

序号	名称	作用
1		
2		
3		
4		
5		
6		
7		
8		
9		
10		
11		

图 2-2-2　交流发电机结构

微组织 4：老师检查纠错，学生改正错误。微评价：☆☆☆☆☆

步骤三　检查交流发电机

1．请仔细观看老师示范，结合老师讲解、查阅教材和观看相关视频，将检查交流发电机工作计划用铅笔认真填写在表 2-2-3 中。

表 2-2-3 检查交流发电机工作计划

工序	内容	工量辅具
1		
2		
3		
4		
5		
6		
7		

微组织 5：老师检查纠错，学生改正错误。微评价：☆☆☆☆☆

2. 请查阅教材和维修手册，完善表 2-2-4。

表 2-2-4 检查交流发电机技术标准

项目	技术标准和要求	测量值	是否合格
检查电刷的外露长度			□合格 □不合格
滑环 - 滑环之间电阻			□合格 □不合格
滑环 - 转子之间电阻			□合格 □不合格
滑环直径			□合格 □不合格

微组织 6：老师检查纠错，学生改正错误。微评价：☆☆☆☆☆

3. 请根据计划实施检查发电机作业，详细总结操作过程中容易出现的问题，试着分析产生原因，并归纳出关键词，用铅笔认真填写在图 2-2-2 的横线上。

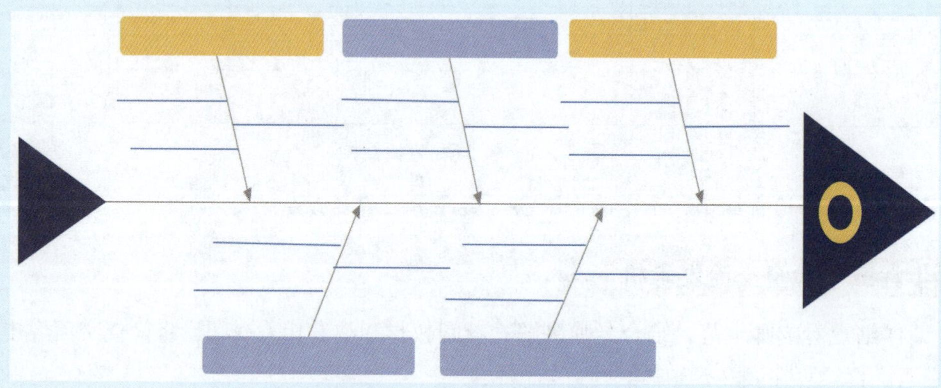

图 2-2-2 检查发电机常见问题

微组织 7：老师检查纠错，学生改正错误。微评价：☆☆☆☆☆

步骤四　组装交流发电机

1. 请仔细观看老师示范，结合老师讲解、查阅教材和观看相关视频，将组装交流发电机工作计划用铅笔认真填写在表 2-2-5 中。

表 2-2-5　组装交流发电机工作计划

工序	内容	工量辅具
1		
2		
3		
4		
5		
6		
7		

微组织 8：老师检查纠错，学生改正错误。微评价：☆☆☆☆☆

2. 请查阅教材和维修手册，完善表 2-2-6。

表 2-2-6　组装交流发电机技术标准

项目	力矩
驱动端挡片紧固固定螺栓扭矩	
发电机线圈总成固定螺栓扭矩	
电刷架固定螺栓扭矩	
发电机后端盖固定螺母扭矩	

微组织 9：老师检查纠错，学生改正错误。微评价：☆☆☆☆☆

3. 请根据计划实施交流发电机组装作业，详细总结操作过程中容易出现的问题，试着分析产生原因，并归纳出关键词，用铅笔认真填写在图 2-2-3 的横线上。

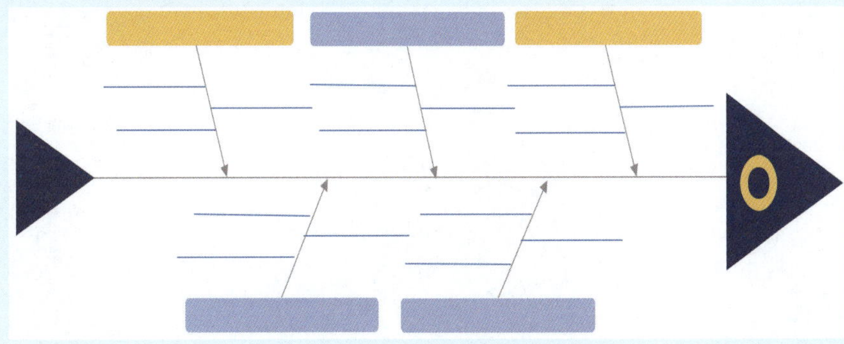

图 2-2-3　组装发电机常见问题

微组织 10：老师检查纠错，学生改正错误。微评价：☆☆☆☆☆

4. 请查阅教材及相关资料，分析一下，充电系统由哪些常见故障及可能产生故障的原因，并用铅笔认真写在图 2-2-4 中。

图 2-2-4　充电系统常见故障

微组织 11：老师检查纠错，学生改正错误。微评价：☆☆☆☆☆

案例

案例一：拆卸发电机时，未在台虎钳上放置垫布

某汽车检测与维修技术专业的学生张亮，在进行拆检交流发电机的操作时，需要将发电机固定在台虎钳上。由于没有经验，他直接将发电机夹在台虎钳上。在操作的过程中，由于发电机固定不稳，他调整了台虎钳的夹紧力矩，导致了发电机变形，拆装异常困难。

发电机的外壳又称汽车发电机端盖，主要材料是铝硅系合金，具有良好的铸造性能和耐磨性能，主要特点是散热好、不导磁。在拆卸交流发电机时，需要专用的拆卸工具及拉拔工具，所以必须将发电机固定才能操作。在台虎钳上放置垫布，不仅可以增加摩擦力，还可以避免由于夹具力量过大引起发电机变形。

案例二：测量电刷外露长度时未在中心线测量

某汽车检测与维修技术专业的学生刘刚，在进行拆检交流发电机实训中，电刷的测量值和其他同学的有很大差异。经过老师的细心检查发现，刘刚在测量电刷时，测量位置没有选在中心线上。

发电机的电刷的作用是借助电刷弹簧的压力与滑环保持接触，用于给发电机转子绕组提供磁场电流。由于长时间摩擦,电刷会受到一定程度的磨损,磨损后的电刷上会产生和滑环相应的弧度，使中间磨损程度更大。所以，在测量电刷长度时，中间的测量值最小，两侧的测量值最大。在测量的时候，游标卡尺的测量点应尽量选在电刷的中心线上。

笔记栏

项目三　检测与拆装起动机

项目任务单

项目描述	完成实训车辆起动机检测与拆装作业
项目要求	符合实训车辆维修手册要求与标准，正确使用工具，完成如下检修作业： （1）拆装起动机； （2）拆检起动机
学习目标	（1）准确描述起动机的位置、结构、工作原理； （2）准确描述起动机的拆装方法； （3）准确描述起动机的拆检方法； （4）规范地对起动机进行拆装作业； （5）规范地对起动机进行拆检作业； （6）养成自觉遵守技术标准和要求规定、规范操作、安全、环保、“5S”作业的好习惯； （7）养成精益求精的工作习惯
项目载体	实训车辆起动机如下图 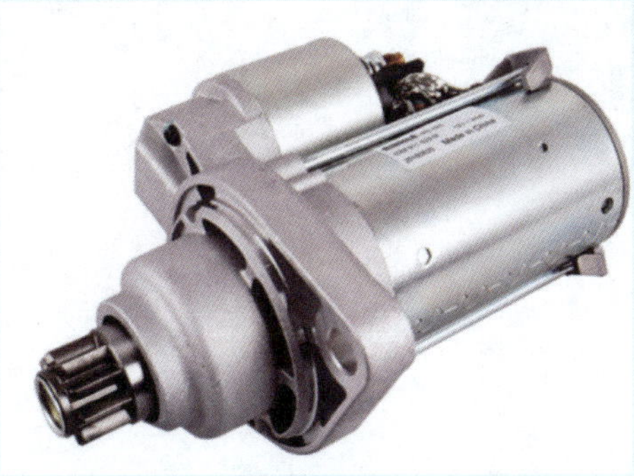
计划学时	8~12 学时

<table>
<tr><td rowspan="2">工作页</td><td>上课地点</td><td></td><td>学生姓名</td><td></td><td>完成 / 未完成</td></tr>
<tr><td>任课教师</td><td></td><td>上课时间</td><td></td><td>优 / 良 / 中 / 及格</td></tr>
</table>

项目导入

汽车检测与维修技术专业的李强老师，又接到朋友的求助电话，原来朋友在拧动钥匙至起动位置时，听不到任何电动机、发动机工作声音。李强经过了解得知，车辆的仪表板能够正常点亮，灯光、喇叭、玻璃升降器也能正常工作，就是不能起动。因此，判断车辆的起动系统出现了问题。

想一想，汽车的起动系统的作用是什么？请用铅笔认真地写在下面的方格内。

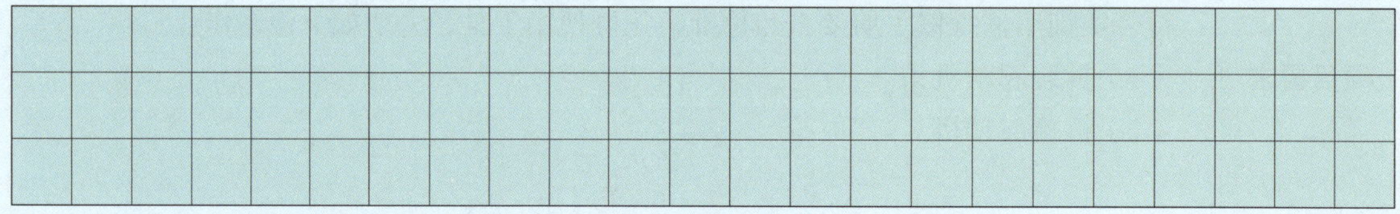

微组织 1：老师检查纠错，学生改正错误。微评价：☆☆☆☆☆

一、想一想，汽车上起动系统各部分在车辆中有哪些作用

请观察下图，根据老师讲解或查阅资料，分析一下起动系统由哪些部分组成，并说出它们在车辆中有什么作用，请用铅笔认真地将各部分名称写在右侧相应的横线上。

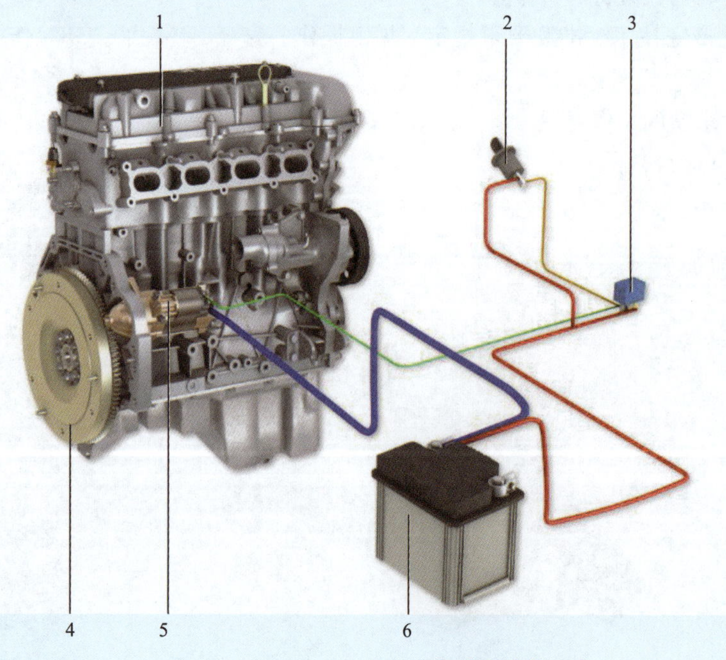

1. ______________
2. ______________
3. ______________
4. ______________
5. ______________
6. ______________

起动系统的组成

微组织 2：老师检查纠错，学生改正错误。微评价：☆☆☆☆☆

二、初识起动机

请根据老师讲解或查阅资料，结合实训室的车辆，找到起动机在车中的安装位置，并在下图的车辆位置上用“○”进行标注。

起动机在车上的位置

微组织 3：老师检查纠错，学生改正错误。微评价：☆☆☆☆☆

三、安全教育与防护要求

请大声说出安全与防护要求，做好防护准备，同时进行自检和互检。若已完成，请用铅笔在方框内打“√”。

□工作服穿戴要“四紧”；

□严禁佩戴手表等金属首饰；

□严禁摆弄与本次任务无关的设备和工具；

□严禁嬉戏打闹。

微组织 4：老师检查纠错，学生改正错误。微评价：☆☆☆☆☆

项目实施

任务一　拆装起动机

步骤一　作业准备

请详细复述作业准备项目与内容，对照表 3-1-1 核准检查项目。若已准备，请在方框里画上“√”；若有遗漏，请补充后画上“√”。

表 3-1-1　拆装起动机作业准备情况检查表

项目	内容
作业场地	带有消防设施的作业场地□
设备设施	实训车辆□　工具车□　零件车□　垃圾桶□
工量辅具	套筒扳手组合套具□　翼子板三件套□　举升机□　扭力扳手□
耗材	清洁布□　泡沫清洁剂□　专用密封胶□　防松胶□　劳保手套□

微组织 1：老师检查纠错，学生改正错误。微评价：☆☆☆☆☆

步骤二　拆卸起动机

1．请仔细观看图 3-1-1，结合老师讲解、查阅教材和视频，将起动机的工作过程，用铅笔认真填写在下面的空白处。

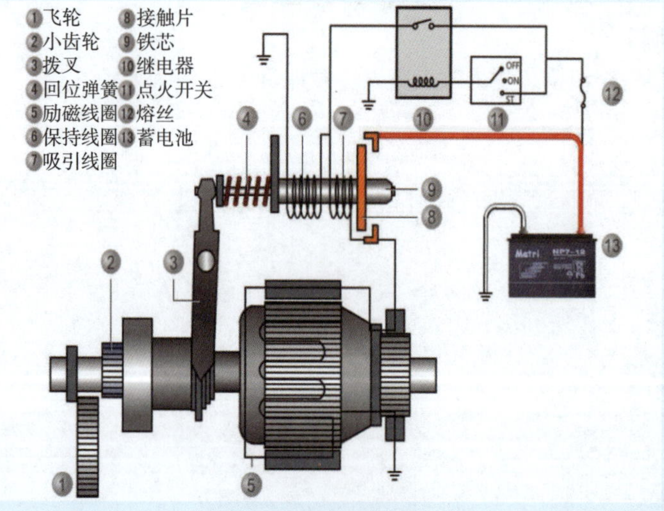

图 3-1-1　起动机结构

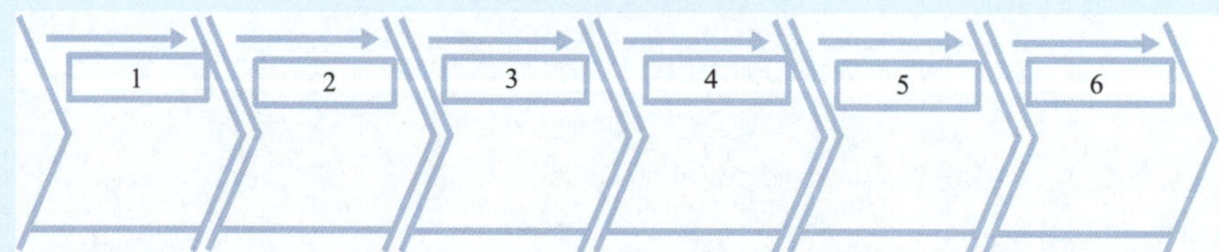

微组织 2：老师检查纠错，学生改正错误。微评价：☆☆☆☆☆

2. 请结合拆卸过程中对起动机的认知，查阅教材及相关资料，分析不同类型的起动机在结构和原理上有什么特点，用铅笔认真填写在表 3-1-2 中。

表 3-1-2　起动机的类型

类型	普通型起动机	减速型起动机	星型齿轮减速起动机
结构	拔叉 电磁开关 驱动齿轮 电枢	驱动齿轮 电磁开关 减速齿轮 电枢	起动机壳 单向离合器 电磁开关 驱动齿轮 拔叉 行星齿轮 电枢
控制原理			

微组织 3：老师检查纠错，学生改正错误。微评价：☆☆☆☆☆

3. 请仔细观看老师示范，结合老师讲解、查阅教材和观看相关视频，将拆卸起动机工作计划用铅笔认真填写在表 3-1-3 中。

表 3-1-3　拆卸起动机工作计划

工序	内容	工量辅具
1		
2		
3		
4		
5		
6		
7		
8		
9		
10		

微组织 4：老师检查纠错，学生改正错误。微评价：☆☆☆☆☆

4．请根据计划实施起动机拆卸作业，详细总结操作过程中容易出现的问题，试着分析产生原因，并归纳出关键词，用铅笔认真填写在图 3-1-2 的横线上。

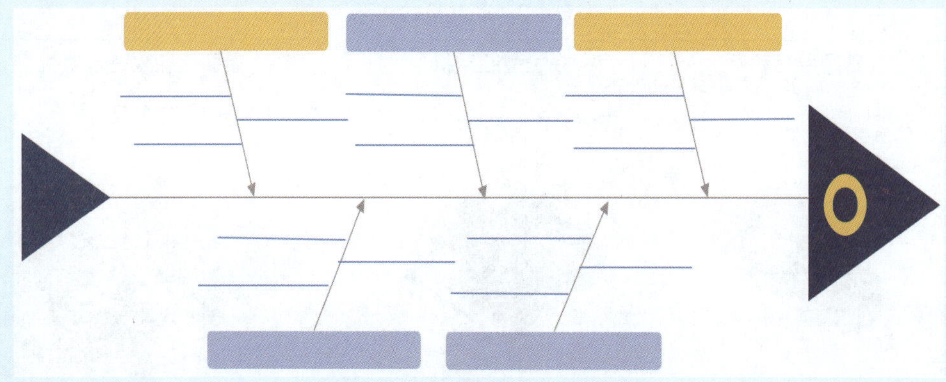

图 3-1-2　拆卸起动机常见问题

微组织 5：老师检查纠错，学生改正错误。微评价：☆☆☆☆☆

步骤三　安装起动机

1．请仔细观看老师示范，结合老师讲解、查阅教材和观看相关视频，将安装起动机工作计划用铅笔认真填写在表 3-1-4 中。

表 3-1-4　安装起动机工作计划

工序	内容	工量辅具
1		
2		
3		
4		
5		
6		
7		
8		
9		
10		
11		

微组织 6：老师检查纠错，学生改正错误。微评价：☆☆☆☆☆

2. 请查阅教材和维修手册，完善表 3-1-5。

表 3-1-5　安装起动机技术标准

项目	力矩
起动机上部固定螺栓	
起动机下部固定螺栓	
起动机端子 30 固定螺母	

微组织 7：老师检查纠错，学生改正错误。微评价：☆☆☆☆☆

3. 请根据计划实施起动机安装作业，详细总结操作过程中容易出现的问题，试着分析产生原因，并归纳出关键词，用铅笔认真填写在图 3-1-3 的横线上。

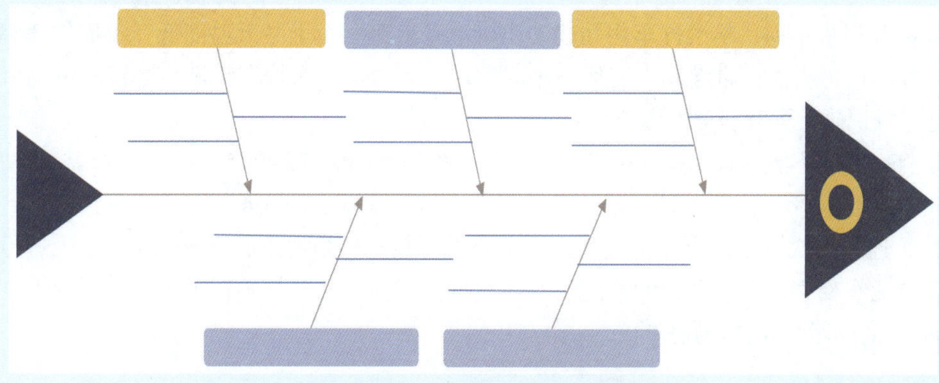

图 3-1-3　安装起动机常见问题

微组织 8：老师检查纠错，学生改正错误。微评价：☆☆☆☆☆

案例

案例一：起动机高速旋转而发动机曲轴无反应

某汽修厂接到顾客咨询，当拧动钥匙至起动挡位时，能听到电动机的声音，但是比平时电动机转的声音要小，而且发动机没有反应。维修人员经过对车辆的检查发现，是起动机的传动部分出现故障。

起动机在工作时，通过上部电磁开关中的吸引线圈和保持线圈同时通电，使两个线圈产生的磁场力吸引铁芯移动，带动拨叉使小齿轮移出与飞轮齿圈啮合。当传动部分出现故障时，会使拨叉无法将小齿轮正常移出，驱动飞轮旋转。

案例二：起动机连续工作时间过长，导致起动机烧坏

东北的某司机小周，早晨拧车钥匙起动车辆准备上班。由于冬天温度低，小周连续起动车辆好几次，发动机都未能正常起动。突然，小周发现，无论他怎么拧车钥匙，都没有电动机的工作声音，他才意识到，可能起动机坏了。

起动打火时间不能过长：起动机打火时，每次接通时间不能超过 5 s，因为起动机是按短时间工作的要求进行设计的，工作时，通过起动机的电流为 300 ~ 400 A，若继续再次起动，应停歇 10 ~ 15 s，连续 3 次以上，应在检查起动机电路没有故障的情况下，停歇 5 min 以上进行。否则不但对蓄电池有伤害，而且会因大电流长时间通过磁场线圈和电枢（转子）线圈引起温度过高，破坏线圈绝缘，导致起动机易烧坏。

任务二　拆检起动机

步骤一　作业准备

请详细复述作业准备项目与内容，对照表3-2-1核准检查项目。若已准备，请在方框里画上“√”；若有遗漏，请补充后画上“√”。

表 3-2-1　拆检起动机作业准备情况检查表

项目	内容
作业场地	带有消防设施的作业场地□
设备设施	实训车辆□ 工具车□ 零件车□ 垃圾桶□
工量辅具	套筒扳手组合套具□ 百分表□ 万用表□ 游标卡尺□
耗材	清洁布□ 泡沫清洁剂□ 专用密封胶□ 防松胶□ 劳保手套□

微组织 1：老师检查纠错，学生改正错误。微评价：☆☆☆☆☆

步骤二　拆解起动机

1. 请结合老师讲解、查阅教材，分析图 3-2-1 中起动机各部分功能，用铅笔认真填写在右侧相应的表格里。

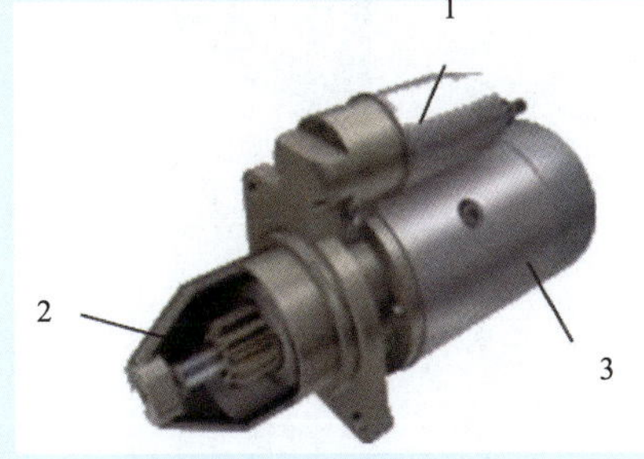

序号	组成部分	功能
1		
2		
3		

图 3-2-1　起动机

微组织 2：老师检查纠错，学生改正错误。微评价：☆☆☆☆☆

2. 请仔细观看老师示范，结合老师讲解、查阅教材和观看相关视频，将拆解起动机工作计划用铅笔认真填写在表 3-2-2 中。

表 3-2-2　拆解起动机工作计划

工序	内容	工量辅具
1		
2		
3		
4		
5		

续表

工序	内容	工量辅具
6		
7		
8		
9		
10		
11		

微组织 3：老师检查纠错，学生改正错误。微评价：☆☆☆☆☆

3．请根据计划实施拆解起动机作业，详细总结操作过程中容易出现的问题，试着分析产生原因，并归纳出关键词，用铅笔认真填写在图 3-2-2 的横线上。

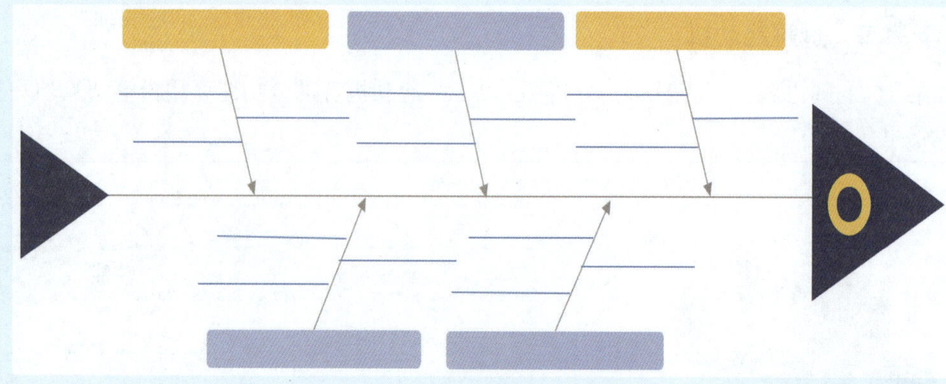

图 3-2-2　拆解起动机常见问题

微组织 4：老师检查纠错，学生改正错误。微评价：☆☆☆☆☆

4．请观察拆解的起动机零部件，查阅教材或相关资料，在图 3-2-3 中相应的位置上写出各零部件名称并描述其作用。

序号	名称	作用
1		
2		
3		
4		
5		
6		
7		
8		
9		

图 3-2-3　起动机的结构

微组织 5：老师检查纠错，学生改正错误。微评价：☆☆☆☆☆

5. 请观察拆解的起动机直流电动机的零部件，查阅教材或相关资料，在表 3-2-3 中相应的位置上写出各零部件名称并简单描述其作用。

表 3-2-3　起动机直流电动机各部分作用

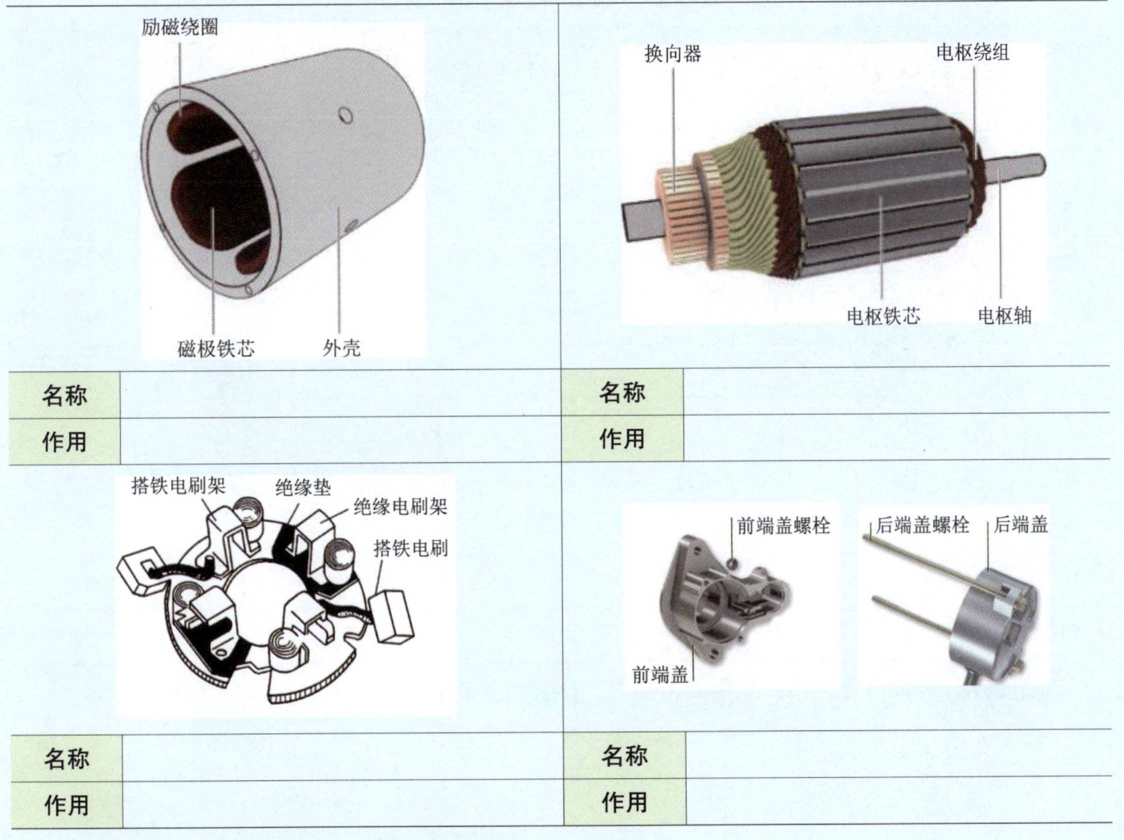

名称		名称	
作用		作用	
名称		名称	
作用		作用	

微组织 6：老师检查纠错，学生改正错误。微评价：☆☆☆☆☆

6. 请根据图 3-2-4，说出起动机各部分零件的名称，并查阅教材或相关资料，结合老师讲解，简单描述起动机的三个不同工作过程，填入下面的横线上。

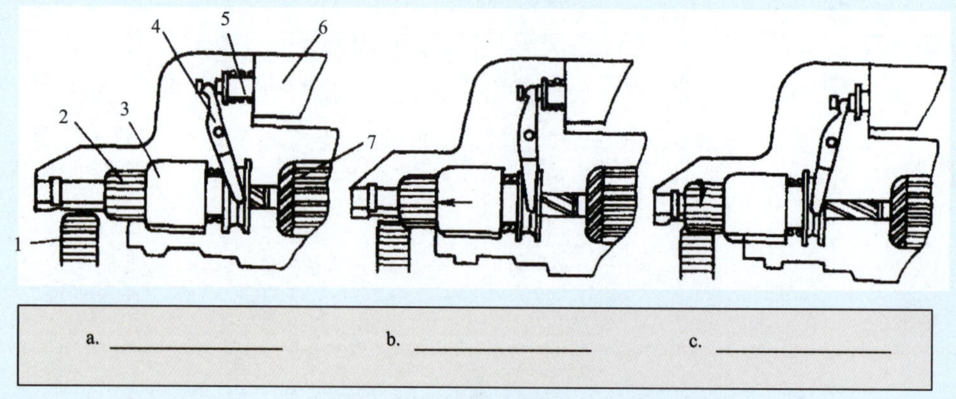

a. ______________ b. ______________ c. ______________

图 3-2-4 起动机工作过程

微组织 7：老师检查纠错，学生改正错误。微评价：☆☆☆☆☆

步骤三 检查起动机

1. 请仔细观看老师示范，结合老师讲解、查阅教材和观看相关视频，将检查起动机工作计划用铅笔认真填写在表 3-2-4 中。

表 3-2-4 检查起动机工作计划

工序	内容	工量辅具
1		
2		
3		
4		
5		
6		
7		
8		
9		
10		
11		

微组织 8：老师检查纠错，学生改正错误。微评价：☆☆☆☆☆

2. 请查阅教材和维修手册，完善表 3-2-5。

表 3-2-5　检修起动机电阻技术标准

项目	检测端子	标准值	测量值	是否合格
吸引线圈电阻	端子 50—端子 C			□合格 □不合格
保持线圈电阻	端子 50—电磁开关壳体			□合格 □不合格
换向器整流子片间电阻	整流子片—整流子片			□合格 □不合格
换向器和电枢线圈间的电阻	换向器—电枢			□合格 □不合格
电刷架电阻	A — B			□合格 □不合格
	A — C			□合格 □不合格
	A — D			□合格 □不合格
	B — C			□合格 □不合格
	B — D			□合格 □不合格
	C — D			□合格 □不合格

微组织 9：老师检查纠错，学生改正错误。微评价：☆☆☆☆☆

3. 请查阅教材和维修手册，完善表 3-2-6。

表 3-2-6　检修起动机电枢总成技术标准

项目	标准值	极限值	测量值	是否合格
换向器径向跳动				□合格 □不合格
换向器直径				□合格 □不合格
电刷长度				□合格 □不合格

微组织 10：老师检查纠错，学生改正错误。微评价：☆☆☆☆☆

4. 请根据计划实施检查起动机作业，详细总结操作过程中容易出现的问题，试着分析产生原因，并归纳出关键词，用铅笔认真填写在图 3-2-5 的横线上。

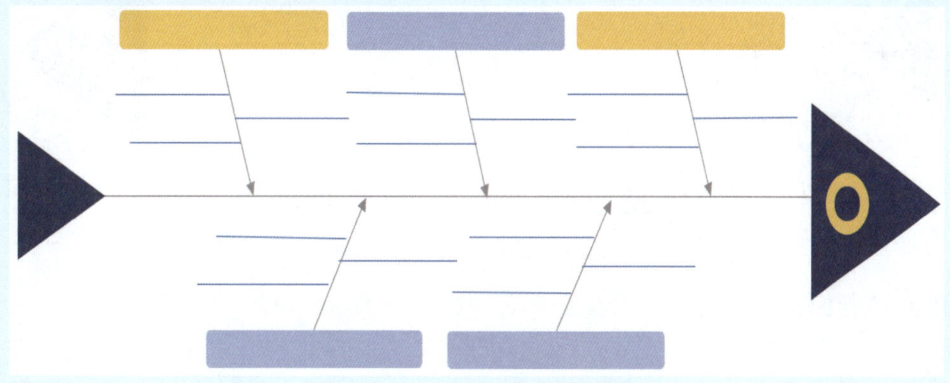

图 3-2-5　检查起动机常见问题

微组织 11：老师检查纠错，学生改正错误。微评价：☆☆☆☆☆

步骤四　组装起动机

1. 请仔细观看老师示范，结合老师讲解、查阅教材和观看相关视频，将组装起动机工作计划用铅笔认真填写在表 3-2-7 中。

表 3-2-7　组装起动机工作计划

工序	内容	工量辅具
1		
2		
3		
4		
5		
6		
7		
8		
9		
10		
11		

微组织 12：老师检查纠错，学生改正错误。微评价：☆☆☆☆☆

2. 请根据计划实施起动机组装作业，详细总结操作过程中容易出现的问题，试着分析产生原因，并归纳出关键词，用铅笔认真填写在图 3-2-6 的横线上。

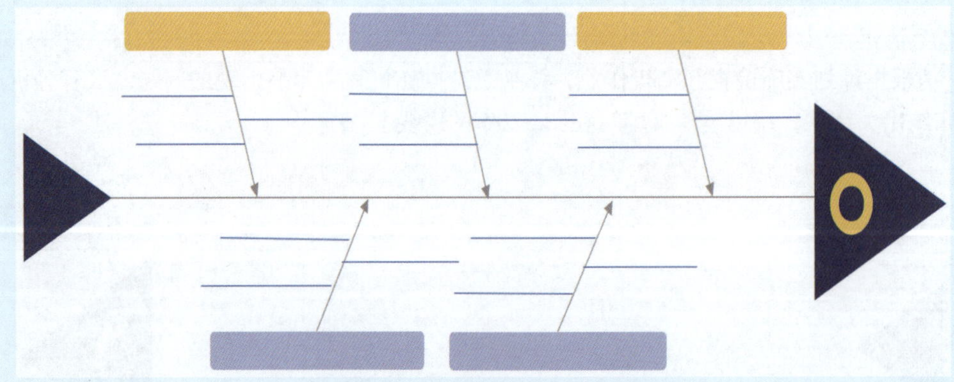

图 3-2-6　组装起动机常见问题

微组织 13：老师检查纠错，学生改正错误。微评价：☆☆☆☆☆

3．请查阅教材和相关资料，分析一下，在起动机工作的过程中可能出现的故障及故障现象，并用铅笔认真写在图 3-2-7 的空白处。

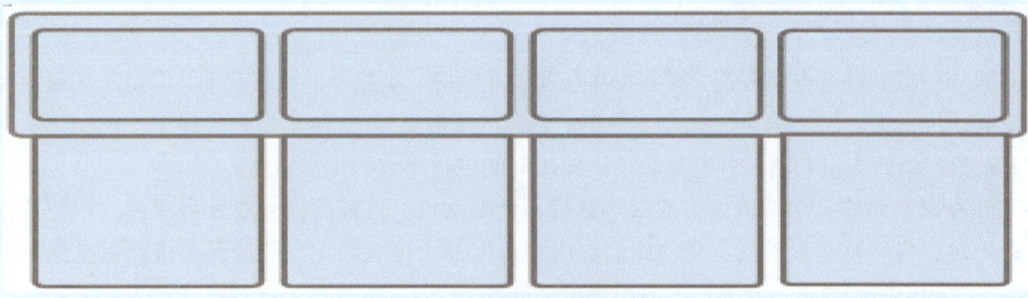

图 3-2-7　起动机常见故障

微组织 14：老师检查纠错，学生改正错误。微评价：☆☆☆☆☆

案例

案例一：起动车辆时，起动机无力

某汽修厂接到顾客电话咨询，顾客每次在起动车辆时，虽然车辆能够起动，但是每次起动时，总感觉起动机无力。经过沟通维修人员得知，该车的车龄已经 12 年，行驶里程 14 万 km，从未更换过起动机。维修人员判断，可能是起动机使用时间过长导致的正常损耗。

汽车在起动时感觉起动机无力或根本就带不动发动机，这种原因一般分为两种，一种是蓄电池电量不足，另一种是起动机本身的原因。由于每次都出现起动无力的情况，排除蓄电池问题。一般由于车辆长时间使用，起动机容易出现以下问题：

（1）起动机铜套或轴承磨损严重，造成转子不同心，工作时转子和定子发生摩擦，可以更换新的铜套或轴承解决。

（2）起动机碳刷磨损严重，可以更换新碳刷解决。

（3）起动机转子或定子线圈发生短路和烧坏，可以更换新的起动机。

案例二：单向离合器打滑引起的起动机空转

某汽修厂接到顾客咨询，当拧动钥匙至起动挡位时，能听到电动机的声音，但是比平时电动机转的声音要小，感觉转得快，可是发动机没有反应。维修人员经过对车辆的检查发现，是单向离合器打滑引起的起动机空转。

车辆起动时，起动机的转速高于发动机，起动机带动发动机旋转；当车辆起动后，发动机转速高于起动机的转速，单向离合器把起动机与发动机的转动脱开，以保护起动机由于发动机高速运动而造成的毁坏。

单向离合器检查其单向性的方法是一个方向可以转动，另一个方向用 25 N 力检查其是否可以转动。如果无法转动，则单向离合器良好。如果在两个方向上都可锁止或转动，或者有明显的异常阻力，应更换离合器或起动机。

项目四　检修点火系统

项目任务单

项目描述	完成实训车辆点火系统检修作业
项目要求	符合实训车辆维修手册要求与标准，正确使用工具，完成如下检修作业： （1）检修点火线圈； （2）检修点火开关
学习目标	（1）准确描述点火线圈的位置、结构、工作原理； （2）准确描述火花塞的位置、结构、工作原理； （3）准确描述点火线圈的检修方法； （4）准确描述火花塞的检修方法； （5）规范地对点火线圈进行检修作业； （6）规范地对火花塞进行检修作业； （7）养成自觉遵守技术标准和要求规定、规范操作、安全、环保、“5S”作业的好习惯； （8）培养坚持不懈，永不言败的奋斗精神
项目载体	实训车辆点火系统如下图 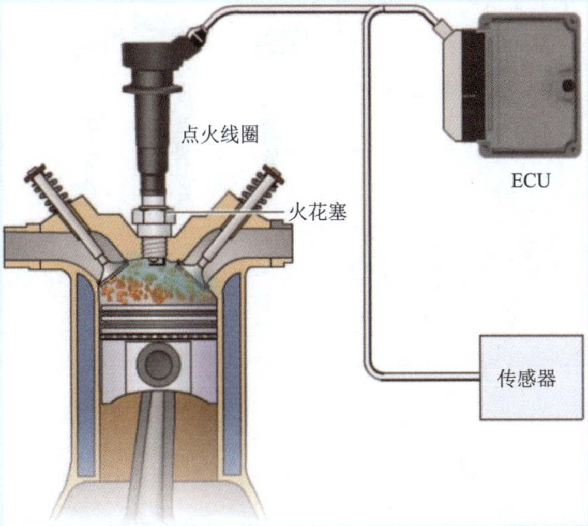
计划学时	8~12 学时

工作页	上课地点		学生姓名		完成 / 未完成
	任课教师		上课时间		优 / 良 / 中 / 及格

项目导入

一天，汽车检测与维修技术专业的李强老师又接到了朋友的求助电话，原来他的车在行驶的过程中，突然出现抖动增加、加速无力的状况，在提高转速后抖动感反而减轻。因为朋友不久前刚刚清洗了喷油器，李强老师判断，可能是因为发动机的某一气缸点火系统出现了故障。

想一想，什么是点火系统？请用铅笔认真地写在下面的方格内。

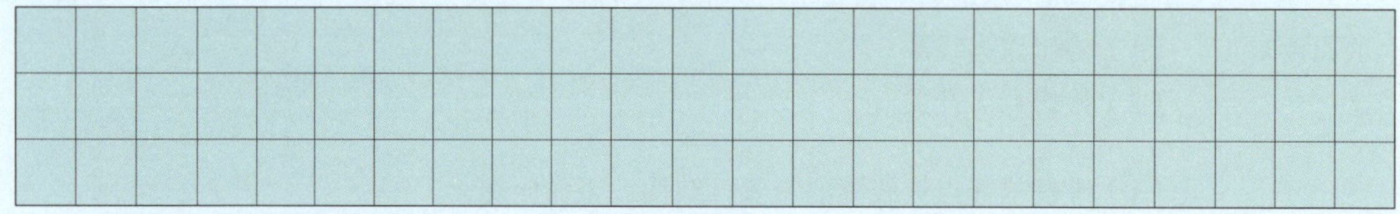

微组织 1：老师检查纠错，学生改正错误。微评价：☆☆☆☆☆

一、想一想，汽车上点火系统各部分在车辆中有哪些作用

1. 请观察下面点火系统图，根据老师讲解或查阅资料，分析一下点火系统由哪些部分组成，它们在车辆中有什么作用，请用铅笔认真地写在下面的方格内。

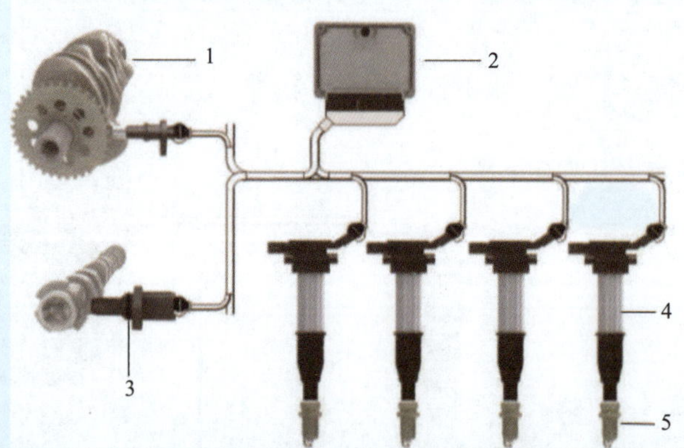

序号	名称	作用
1		
2		
3		
4		
5		

汽车点火系统

微组织 2：老师检查纠错，学生改正错误。微评价：☆☆☆☆☆

2. 请仔细观看下图的汽车点火系统结构，结合老师讲解、查阅教材和视频，将点火系统的工作的过程，用铅笔认真填写在下面的流程图中。

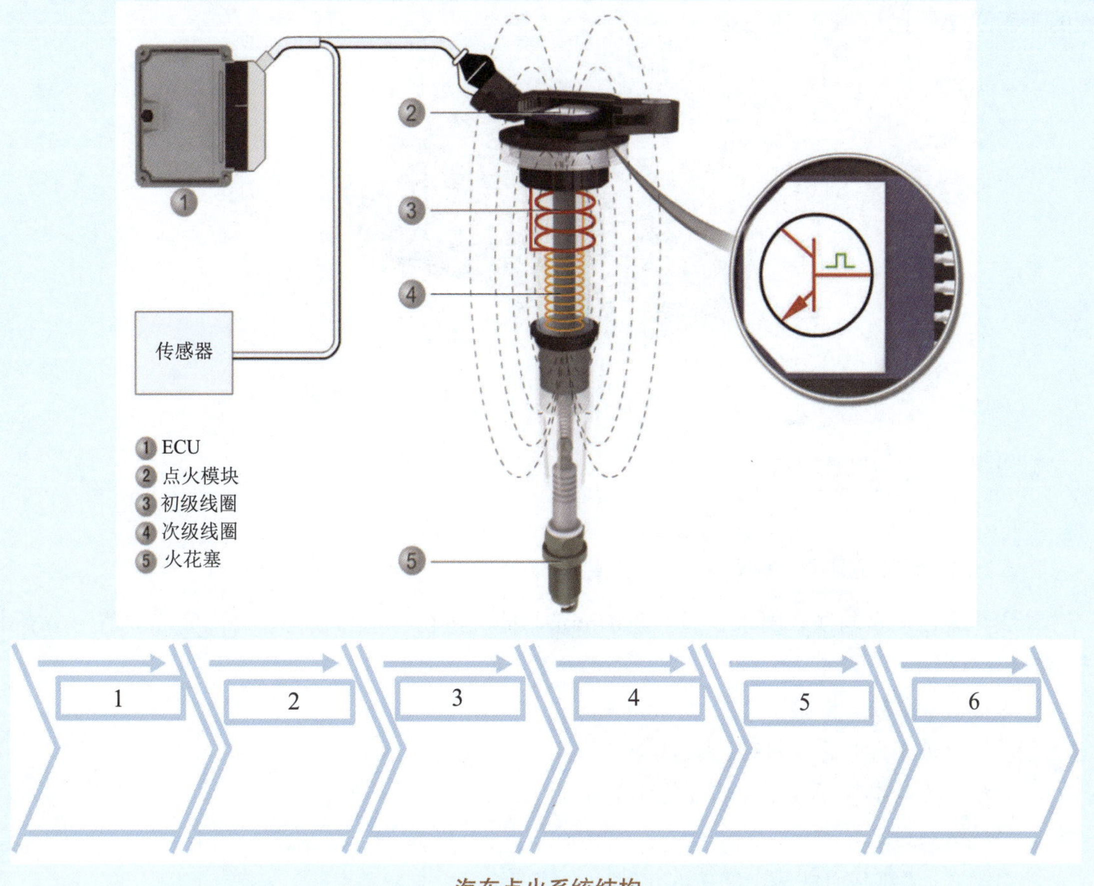

汽车点火系统结构

微组织 3：老师检查纠错，学生改正错误。微评价：☆☆☆☆☆

3. 请查阅教材或相关资料，将点火系统传感器的名称和其正确的描述用线连在一起。

名称	作用
凸轮轴位置传感器	将节气门开启角度转换为电信号输入 ECU，ECU 利用该信号和车速传感器信号来综合判断发动机所处的工况
曲轴位置传感器	识别气缸活塞即将到达上止点，称为气缸识别传感器
空气流量传感器	反映发动机工作温度的高低
进气温度传感器	确定进气量大小
节气门位置传感器	反映发动机吸入空气的温度
冷却液温度传感器	确定曲轴的位置也就是曲轴的转角

微组织 4：老师检查纠错，学生改正错误。微评价：☆☆☆☆☆

二、初识点火系统

请根据老师讲解或查阅资料，结合实训室的车辆，找到点火系统在车中的安装位置，并在下面的车辆位置图上用“○”进行标注。

点火系统在车上的位置

微组织 5：老师检查纠错，学生改正错误。微评价：☆☆☆☆☆

三、安全教育与防护要求

请大声说出安全与防护要求，做好防护准备，同时进行自检和互检。若已完成，请用铅笔在方框内打“√”。

□工作服穿戴要“四紧”；

□严禁佩戴手表等金属首饰；

□严禁摆弄与本次任务无关的设备和工具；

□严禁嬉戏打闹。

微组织 6：老师检查纠错，学生改正错误。微评价：☆☆☆☆☆

项目实施

任务一　拆检点火线圈

步骤一　作业准备

请详细复述作业准备项目与内容，对照表 4-1-1 核准检查项目。若已准备，请在方框里画上“√”；若有遗漏，请补充后画上“√”。

表 4-1-1　拆检点火线圈作业准备情况检查表

项目	内容
作业场地	带有消防设施的作业场地□
设备设施	实训车辆□ 工具车□ 零件车□ 垃圾桶□
工量辅具	套筒扳手组合套具□ 翼子板三件套□ 万用表□ 扭力扳手□
耗材	清洁布□ 泡沫清洁剂□ 专用密封胶□ 防松胶□ 劳保手套□

微组织 1：老师检查纠错，学生改正错误。微评价：☆☆☆☆☆

步骤二　拆卸点火线圈

1. 请查阅教材相关资料，结合图 4-1-1，将点火线圈各部分名称填写在右侧的横线上。

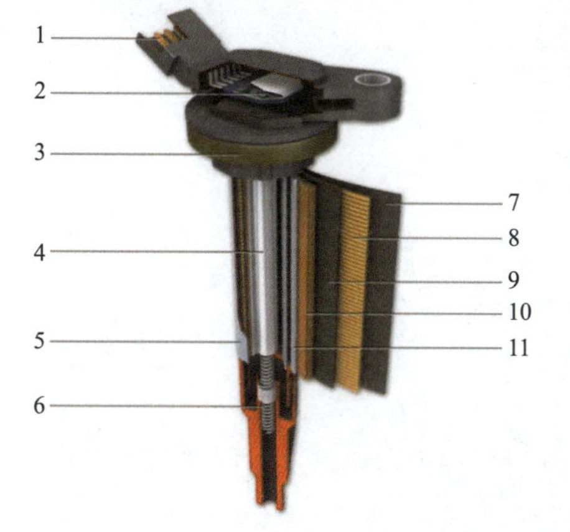

1. ________　7. ________
2. ________　8. ________
3. ________　9. ________
4. ________　10. ________
5. ________　11. ________
6. ________

图 4-1-1　点火线圈结构图

微组织 2：老师检查纠错，学生改正错误。微评价：☆☆☆☆☆

2．请仔细观看老师示范，结合老师讲解、查阅教材和观看相关视频，将拆卸点火线圈工作计划用铅笔认真填写在表 4-1-2 中。

表 4-1-2　拆卸点火线圈工作计划

工序	内容	工量辅具
1		
2		
3		
4		
5		

微组织 3：老师检查纠错，学生改正错误。微评价：☆☆☆☆☆

3．请根据计划实施点火线圈拆卸作业，详细总结操作过程中容易出现的问题，试着分析产生原因，并归纳出关键词，用铅笔认真填写在图 4-1-2 的横线上。

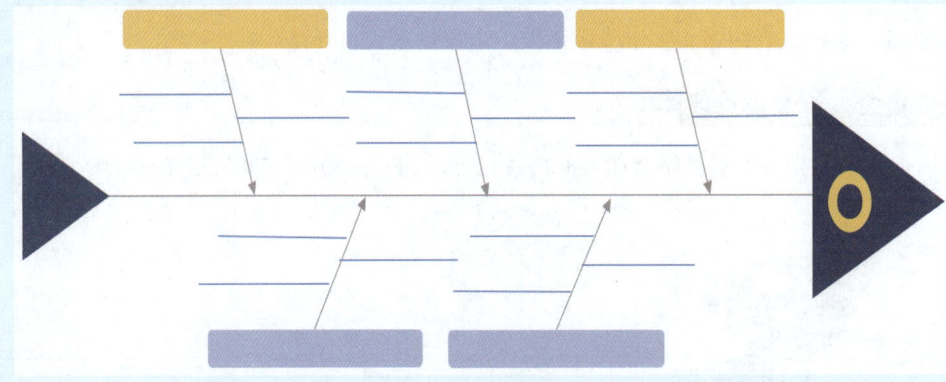

图 4-1-2　拆卸点火线圈常见问题

微组织 4：老师检查纠错，学生改正错误。微评价：☆☆☆☆☆

步骤三　检查点火线圈

1．请仔细观看老师示范，结合老师讲解、查阅教材和观看相关视频，将检查点火线圈工作计划用铅笔认真填写在表 4-1-3 中。

表 4-1-3　检查点火线圈工作计划

工序	内容	工量辅具
1		
2		
3		
4		
5		

微组织 5：老师检查纠错，学生改正错误。微评价：☆☆☆☆☆

2. 请根据计划实施检查点火线圈作业，详细总结操作过程中容易出现的问题，试着分析产生原因，并归纳出关键词，用铅笔认真填写在图 4-1-3 的横线上。

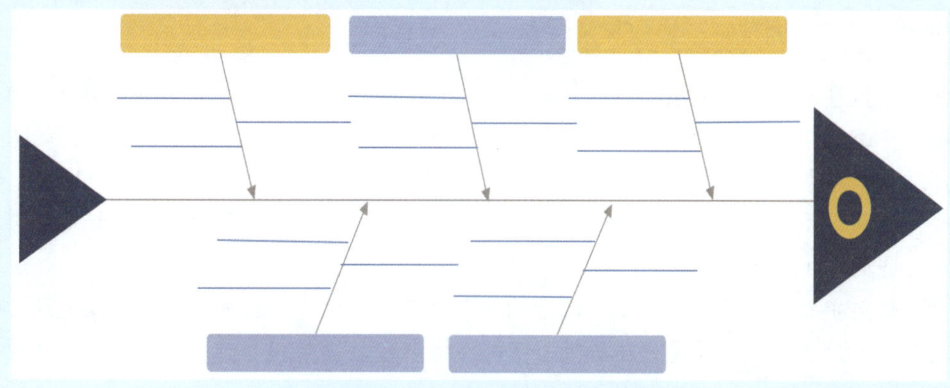

图 4-1-3　检查点火线圈常见问题

微组织 6：老师检查纠错，学生改正错误。微评价：☆☆☆☆☆

步骤四　安装点火线圈

1. 请仔细观看老师示范，结合老师讲解、查阅教材和观看相关视频，将安装点火线圈工作计划用铅笔认真填写在表 4-1-4 中。

表 4-1-4　安装点火线圈工作计划

工序	内容	工量辅具
1		
2		
3		
4		

微组织 7：老师检查纠错，学生改正错误。微评价：☆☆☆☆☆

2. 请根据计划实施点火线圈安装作业，详细总结操作过程中容易出现的问题，试着分析产生原因，并归纳出关键词，用铅笔认真填写在图 4-1-4 的横线上。

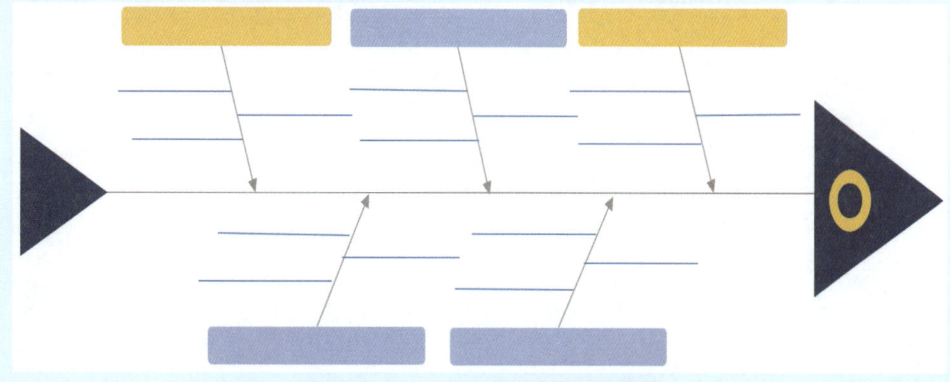

图 4-1-4　安装点火线圈常见问题

微组织 8：老师检查纠错，学生改正错误。微评价：☆☆☆☆☆

案例

案例一：发动机因缺缸，导致异常抖动

某汽修厂接到顾客报修，顾客描述车辆在 2 000 r/min 左右的低转速下车身有明显抖动，加速无力，提高转速后抖动感反而减轻。经过维修人员检查发现：在怠速状态下，车身抖动明显。观察排气管口，车辆排出的废气气流有明显的间歇，同时排气管抖动厉害，能够清晰地听到“突突”的声音或者扑通、扑通的。打开发动机盖，观察运行中的发动机，发现发动机有异常的抖动。维修人员断定是发动机“缺缸”了。

发动机缺缸主要指发动机有一个或以上的气缸没有正常工作。通常表现为：发现发动机工作异常或动力不足，高、中、低速时发动机工作都不均匀并有节奏的振抖。一般产生缺缸现象有以下原因：

（1）高压缸线故障

（2）点火线圈故障

（3）火花塞故障

（4）喷油器故障

案例二：点火线圈绝缘老化，导致发动机无法正常点火

某车主在行驶时，车辆突然熄火。再次起动时，虽然仪表板显示正常，起动机也正常工作，就是无法点火。后经专业维修人员检查后才发现，由于车辆使用时间较长，点火线圈绝缘老化，造成点火系统故障。

汽车在起动后，由于点火系统在高温或高速大负荷工况下的频繁点火，使点火线圈温度迅速升高，线圈之间的绝缘老化，发生内部短路，导致点火线圈初级绕组和次级绕组实际的匝数比变小，次级绕组产生的电压值降低，造成突然熄火、车速上不去的故障。点火线圈工作温度一般不超过80℃，否则造成点火线圈过热。点火线圈过热会使点火线圈内部的绝缘物质熔化，加速点火线圈损坏。

任务二　拆检火花塞

步骤一　作业准备

请详细复述作业准备项目与内容，对照表 4-2-1 核准检查项目。若已准备，请在方框里画上“√”；若有遗漏，请补充后画上“√”。

表 4-2-1　拆检火花塞作业准备情况检查表

项目	内容
作业场地	带有消防设施的作业场地□
设备设施	实训车辆□ 工具车□ 零件车□ 垃圾桶□
工量辅具	套筒扳手组合套具□ 翼子板三件套□ 火花塞套筒扳手□ 塞尺□
耗材	清洁布□ 泡沫清洁剂□ 专用密封胶□ 防松胶□ 劳保手套□

微组织 1：老师检查纠错，学生改正错误。微评价：☆☆☆☆☆

步骤二　拆卸火花塞

1. 请仔细观看老师示范，结合老师讲解、查阅教材和观看相关视频，将拆卸火花塞工作计划用铅笔认真填写在表 4-2-1 中。

表 4-2-1　拆卸火花塞工作计划

工序	内容	工量辅具
1		
2		
3		
4		
5		

微组织 2：老师检查纠错，学生改正错误。微评价：☆☆☆☆☆

2. 请根据计划实施拆卸火花塞作业，详细总结操作过程中容易出现的问题，试着分析产生原因，并归纳出关键词，用铅笔认真填写在图 4-2-1 的横线上。

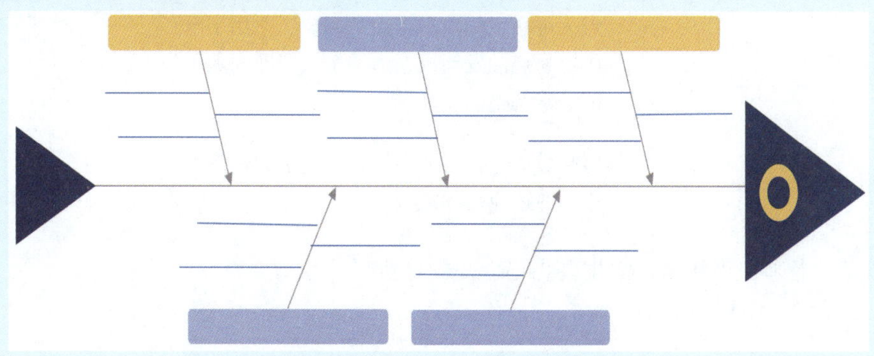

图 4-2-1　拆卸火花塞常见问题

微组织 3：老师检查纠错，学生改正错误。微评价：☆☆☆☆☆

3. 请观察拆解的火花塞，查阅教材或相关资料，分析火花塞结构，见图 4-2-2，将火花塞各部分功能，用铅笔认真填写在右侧相应的横线上。

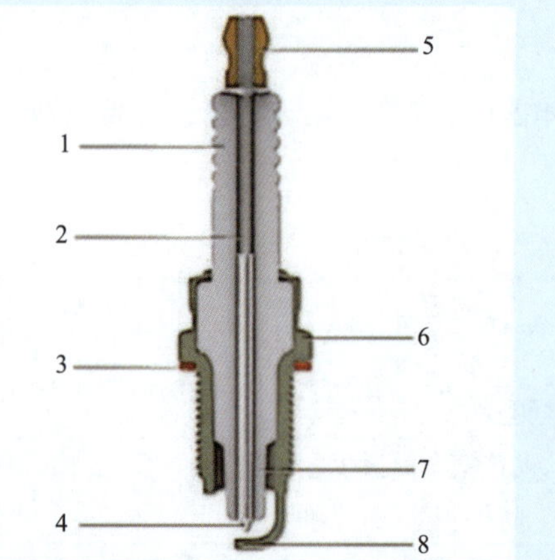

1. ________　　5. ________

2. ________　　6. ________

3. ________　　7. ________

4. ________　　8. ________

图 4-2-2　火花塞结构图

微组织 4：老师检查纠错，学生改正错误。微评价：☆☆☆☆☆

步骤三　检查火花塞

1. 请查阅教材或相关资料，将下面不同类型的火花塞名称、特点、结构用线连在一起。

类型	特点	结构
电阻型火花塞	抗蚀性优良、传导性好、导热性好、电极耐油污、抗烧蚀、适用于高速发动机	
多极型火花塞	电阻内装有 5 ~ 10 kΩ 的电阻，抑制汽车点火系统对无线电的干扰	
标准型火花塞	电极很细、火花强烈、点火能力好、热范围较宽	
铜芯电极型火花塞	应用广泛	
细电极型火花塞	点火可靠、间隙不需经常调整、适用于电极容易烧蚀发动机、适用于火花塞间隙不能经常调整的发动机	
电极突出型火花塞	吸热量大、抗污能力好、不易引起炽热点火、热适应范围宽	

微组织 5：老师检查纠错，学生改正错误。微评价：☆☆☆☆☆

2. 请仔细观看老师示范，结合老师讲解、查阅教材和观看相关视频，将检查火花塞工作计划用铅笔认真填写在表 4-2-2 中。

表 4-2-2　检查火花塞工作计划

工序	内容	工量辅具
1		
2		
3		
4		
5		

微组织 6：老师检查纠错，学生改正错误。微评价：☆☆☆☆☆

3. 请根据计划实施检查火花塞作业，详细总结操作过程中容易出现的问题，试着分析产生原因，并归纳出关键词，用铅笔认真填写在图 4-2-3 的横线上。

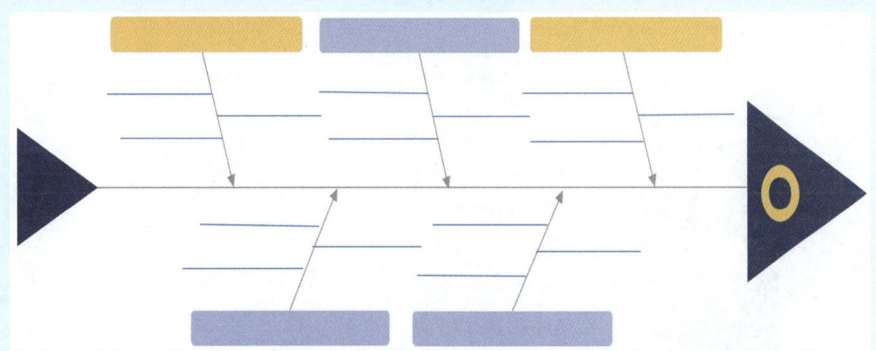

图 4-2-3　检查火花塞常见问题

微组织 7：老师检查纠错，学生改正错误。微评价：☆☆☆☆☆

步骤四　安装火花塞

1. 请仔细观看老师示范，结合老师讲解、查阅教材和观看相关视频，将安装火花塞工作计划用铅笔认真填写在表 4-2-3 中。

表 4-2-3　安装火花塞工作计划

工序	内容	工量辅具
1		
2		
3		
4		
5		

微组织 8：老师检查纠错，学生改正错误。微评价：☆☆☆☆☆

2. 请根据计划实施安装火花塞作业，详细总结操作过程中容易出现的问题，试着分析产生原因，并归纳出关键词，用铅笔认真填写在图 4-2-4 的横线上。

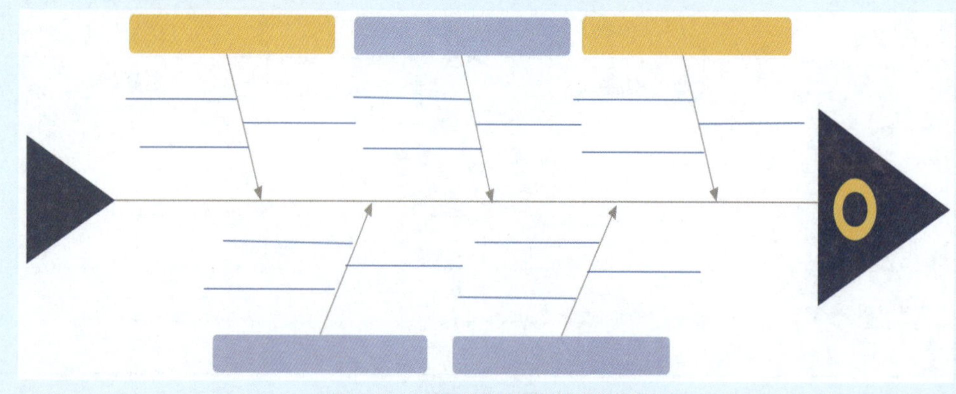

图 4-2-4 安装火花塞常见问题

微组织 9：老师检查纠错，学生改正错误。微评价：☆☆☆☆☆

3. 请查阅教材或相关资料，根据不同的火花塞故障现象，分析故障原因及后果，并用线连在一起。

故障	例图	现象	原因	后果
积炭		中心电极及侧电极表面覆盖有浅褐色沉积物	爆震燃烧是绝缘体破裂的主要原因	损坏其他发动机零部件
机油油污		绝缘体顶端破裂	气门杆油封损坏；气缸蹿油；空气滤清器堵塞；通风装置堵塞	引起自点火，造成功率损失；损坏发动机
积灰		绝缘体上出现垂直于铁壳方向黑色燃烧痕迹	机油添加剂过多；积灰若出现在火花塞半边，说明发动机上部磨损严重；积灰包围电极，说明发动机下部磨损严重	不通过间隙跳火，而通过机油从更短的路径跳火到侧电极
爆震		机油进入燃烧室内	安装不好；火花塞连接线套老化	积炭导电；火花塞失火
瓷件大头爬电		火花塞上有松软、乌黑的沉积物	混合气过浓；燃烧不完全；燃油质量太低或变质，燃烧不正常；火花塞太冷、热值太低	发动机失火

微组织 10：老师检查纠错，学生改正错误。微评价：☆☆☆☆☆

案例

案例一：火花塞积炭，导致油耗增多

某汽修厂接到顾客电话咨询，车辆最近油耗增多，起动困难。经过维修人员了解后得知，该车行驶里程 50 000 km，由于在市区生活，平时多是低速行驶，判断故障的原因可能是火花塞积炭增多。经过维修人员进行专业的积炭清洗，问题得以解决。

导致火花塞积炭的原因有多种，如空气滤清器长时间未更换或使用劣质产品，使进气量不够，燃油未充分燃烧；其次，火花塞本身热值太低，不具备自清洁能力；还有就是节气门体太脏，阻塞开度，致进气量不够，燃油未充分燃烧。

案例二：劣质汽油添加剂，导致火花塞积灰严重

某车主听说使用汽油添加剂可以降低油耗，提升动力，清除积炭等，于是在汽车的油箱中添加了在网上买的“燃油宝”。由于产品质量问题，不仅没能改善车辆性能，反而导致火花塞积灰严重，车辆出现动力不足、起动困难等现象。

正品燃油宝确实能对清除积炭起到一些作用，但劣质汽油添加剂中往往加入了一些不明成分物质，不能完全燃烧，燃烧之后产生部分固体吸附在火花塞甚至是发动机气缸壁上，形成积灰，对车辆的正常使用存在隐患。

笔记栏

项目五　检修照明仪表装置

项目任务单

项目描述	完成实训车辆照明仪表装置检修作业
项目要求	符合实训车辆维修手册要求与标准，正确使用工具，完成如下检修作业： （1）拆装汽车前照灯； （2）拆装汽车仪表板
学习目标	（1）准确描述汽车照明系统的位置、作用； （2）准确描述汽车仪表板的位置、作用； （3）准确描述拆装前照灯的方法； （4）准确描述拆装汽车仪表板的方法； （5）规范地对前照灯进行拆装作业； （6）规范地对汽车仪表板进行拆装作业； （7）养成自觉遵守技术标准和要求规定、规范操作、安全、环保、“5S”作业的好习惯； （8）养成勤勉精进的习惯
项目载体	实训车辆照明系统如下图 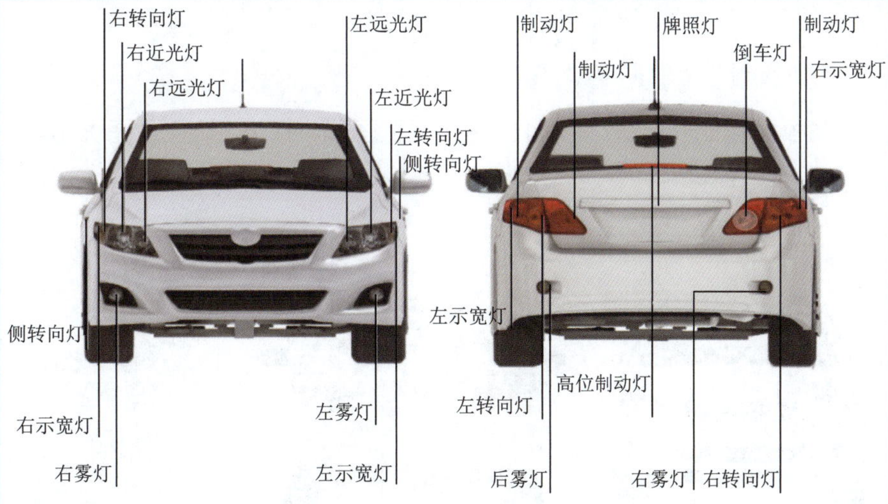
计划学时	8~12 学时

工作页	上课地点		学生姓名		完成 / 未完成
	任课教师		上课时间		优 / 良 / 中 / 及格

项目导入

一天，张亮同学开车行驶在一段没有路灯的道路上。突然，他发现自己的左侧近光灯不亮了。没有了一侧照明，张亮同学觉得自己成了“独眼龙”，为安全行驶带来了极大的隐患。

想一想，在一侧近光灯不亮的情况下，有什么办法能帮助他摆脱当前的困境呢？请用铅笔认真地写在下面的方格内。

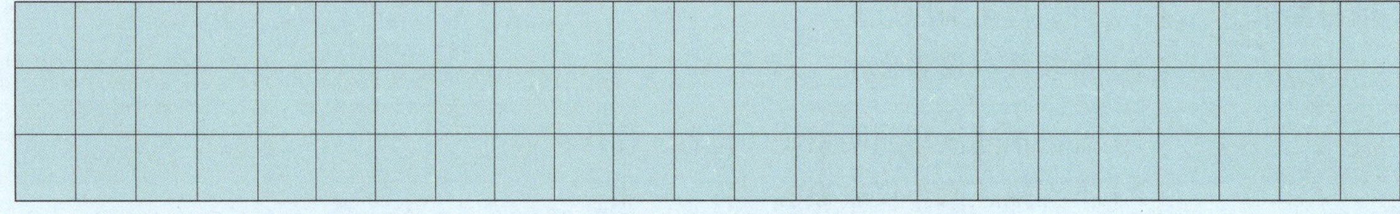

微组织 1：老师检查纠错，学生改正错误。微评价：☆☆☆☆☆

一、想一想，在汽车上照明仪表装置有什么作用

请结合生活经历，根据老师讲解或查阅资料，分析一下照明和仪表装置在汽车的行驶中有什么作用，请用铅笔认真地写在下面的方格内。

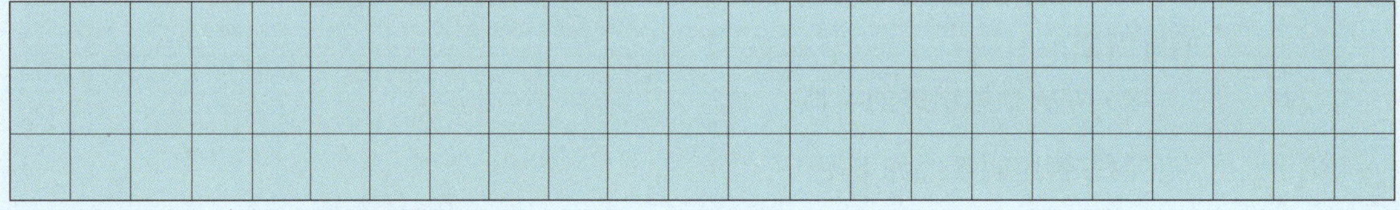

微组织 2：老师检查纠错，学生改正错误。微评价：☆☆☆☆☆

二、初找到车上个照明灯的位置

1. 请根据老师讲解或查阅资料，结合实训室的车辆，找到各照明系统在车中的安装位置，将相应的数字填入下图右侧的对应的表格中。

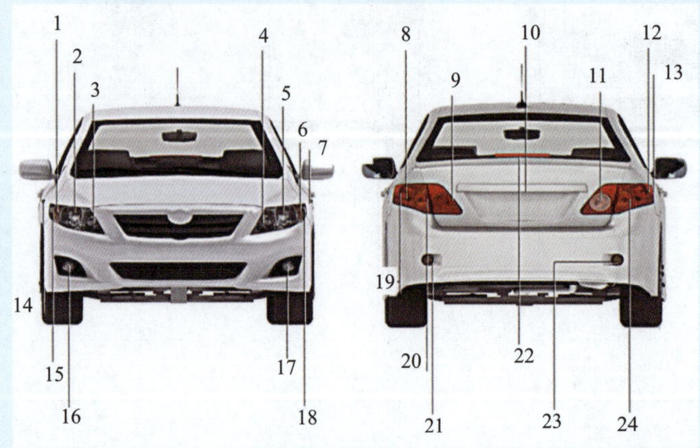

照明系统位置示意图

左近光灯		右近光灯	
左远光灯		右远光灯	
左转向灯		右转向灯	
左侧转向灯		右侧转向灯	
左前示宽灯		右前示宽灯	
左前雾灯		右前雾灯	
左后示宽灯		右后示宽灯	
左后转向灯		右后转向灯	
左后雾灯		右后雾灯	
左制动灯		右制动灯	
左倒车灯		右倒车灯	
高位制动灯		牌照灯	

微组织 3：老师检查纠错，学生改正错误。微评价：☆☆☆☆☆

2. 请查阅教材或相关资料，分析不同汽车外部照明灯的名称、位置和颜色，并用线连接在一起。

名称	位置	颜色
前照灯	车辆前部	白色
雾灯	车辆尾部	
倒车灯		黄色
牌照灯	车辆尾部	

微组织 4：老师检查纠错，学生改正错误。微评价：☆☆☆☆☆

3. 请查阅教材或相关资料，分析不同汽车外部信号灯的作用、位置工作特性，并用线连接在一起。

名称	作用	位置	工作特性
转向信号灯	示意车辆轮廓和存在；向后面的车辆或行人提供位置信息	车辆前部	黄色闪烁
示宽灯（小灯）	踩下制动踏板时，向后部车辆发出信号，提醒后方车辆或行人注意	车辆两侧	白色
		车辆尾部	黄色
制动灯	夜间标志车辆形位	后窗中心线	红色高亮
驻车灯	表示汽车的趋向，提醒周围车辆和行人注意；表示车辆遇紧急情况，请求其他车辆避让	车辆尾部	红色

微组织 5：老师检查纠错，学生改正错误。微评价：☆☆☆☆☆

4. 请查阅教材或相关资料，分析不同汽车内部照明灯的作用和位置，并用线连接在一起。

名称	作用	位置
仪表灯	夜间行李箱照明	汽车仪表板上
顶灯	仪表照明，以便于驾驶人获取行车信息和进行正确操作	驾驶室车厢顶部
门灯	车内照明	车门下部
行李箱灯	打开镜面挡板的同时触发灯光开关	行李箱内
化妆镜照明灯	车门开启时，照亮室内脚下部分和室外落脚部分	遮阳板内

微组织 6：老师检查纠错，学生改正错误。微评价：☆☆☆☆☆

三、安全教育与防护要求

请大声说出安全与防护要求，做好防护准备，同时进行自检和互检。若已完成，请用铅笔在方框内打“√”。

☐工作服穿戴要“四紧”；

☐严禁佩戴手表等金属首饰；

☐严禁摆弄与本次任务无关的设备和工具；

☐严禁嬉戏打闹。

微组织 7：老师检查纠错，学生改正错误。微评价：☆☆☆☆☆

项目实施

任务一　拆装汽车前照灯

步骤一　作业准备

请详细复述作业准备项目与内容，对照表 5-1-1 核准检查项目。若已准备，请在方框里画上“√”；若有遗漏，请补充后画上“√”。

表 5-1-1　拆装汽车前照灯作业准备情况检查表

项目	内容
作业场地	带有消防设施的作业场地□
设备设施	实训车辆□　工具车□　零件车□　垃圾桶□
工量辅具	套筒扳手组合套具□　翼子板三件套□　举升机□　扭力扳手□
耗材	带清洁布□　泡沫清洁剂□　专用密封胶□　防松胶□　劳保手套□

微组织 1：老师检查纠错，学生改正错误。微评价：☆☆☆☆☆

步骤二　拆卸前照灯

1. 请查阅教材或相关资料，分析不同前照灯灯泡的外形、结构原理和特点，并用线连在一起。

类型	外形	结构原理	特点
卤钨灯泡		利用发光二极管，一种固态的半导体器件，它可以直接把电转化为光	在相同功率下，亮度为白炽灯的 1.5 倍，寿命比白炽灯长 2 ~ 3 倍
氙气灯泡	卤素气体 钨丝	20 000 V 以上的高压脉冲电加在石英灯泡内的金属电极之间，激励灯泡内的物质在电弧中电离产生光亮	亮度高、寿命长、能耗低
LED 灯	电极 氙气 陶瓷管 石英管	填充气体内含有部分卤族元素或卤化物的充气白炽灯	能耗低、寿命长，结构简单，抗冲击性、抗震性好，适应性好

微组织 2：老师检查纠错，学生改正错误。微评价：☆☆☆☆☆

2. 请仔细观看老师示范，结合老师讲解、查阅教材和观看相关视频，将拆卸前照灯工作计划用铅笔认真填写在表 5-1-2 中。

表 5-1-2　拆卸前照灯工作计划

工序	内容	工量辅具
1		
2		
3		
4		
5		
6		
7		
8		
9		
10		
11		
12		
13		

微组织 3：老师检查纠错，学生改正错误。微评价：☆☆☆☆☆

3. 请根据计划实施前照灯拆卸作业，详细总结操作过程中容易出现的问题，试着分析产生原因，并归纳出关键词，用铅笔认真填写在图 5-1-1 的横线上。

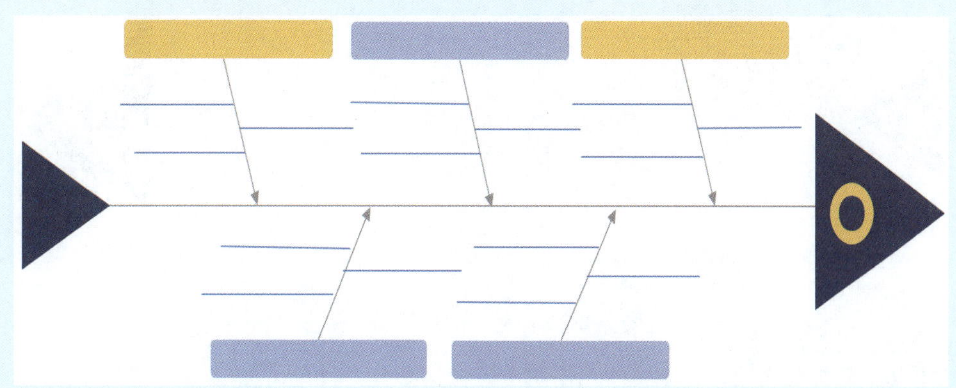

图 5-1-1　拆卸前照灯常见问题

微组织 4：老师检查纠错，学生改正错误。微评价：☆☆☆☆☆

步骤三　拆解前照灯

1. 请仔细观看老师示范，结合老师讲解、查阅教材和观看相关视频，将拆解前照灯工作计划用铅笔认真填写在表 5-1-3 中。

表 5-1-3　拆解前照灯工作计划

工序	内容	工量辅具
1		
2		
3		
4		
5		
6		
7		
8		
9		
10		

微组织 5：老师检查纠错，学生改正错误。微评价：☆☆☆☆☆

2. 请根据计划实施前照灯拆解作业，详细总结操作过程中容易出现的问题，试着分析产生原因，并归纳出关键词，用铅笔认真填写在图 5-1-2 的横线上。

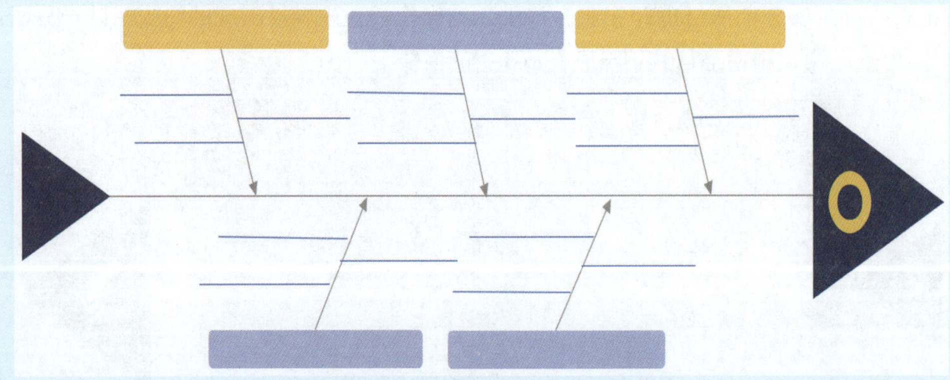

图 5-1-2　拆解前照灯常见问题

微组织 6：老师检查纠错，学生改正错误。微评价：☆☆☆☆☆

步骤四　安装前照灯

1. 请仔细观看老师示范，结合老师讲解、查阅教材和观看相关视频，将安装前照灯工作计划用铅笔认真填写在表 5-1-4 中。

表 5-1-4　安装前照灯工作计划

工序	内容	工量辅具
1		
2		
3		
4		
5		
6		
7		
8		
9		
10		
11		
12		
13		
14		
15		

微组织 7：老师检查纠错，学生改正错误。微评价：☆☆☆☆☆

2. 请根据计划实施前照灯安装作业，详细总结操作过程中容易出现的问题，试着分析产生原因，并归纳出关键词，用铅笔认真填写在图 5-1-3 的横线上。

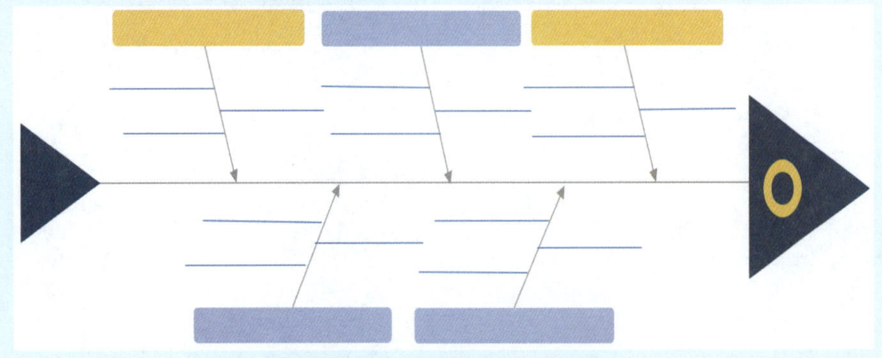

图 5-1-3　安装前照灯常见问题

微组织 8：老师检查纠错，学生改正错误。微评价：☆☆☆☆☆

案例

案例一：前照灯亮度低

某汽修厂接到车主反应，汽车的前照灯亮度不足。维修人员经过和车主沟通得知，该车已有 14 年车龄，配置的是卤素前照灯，从未进行过前照灯的拆装与检修。通过观察发现，该车的车灯灯罩有部分磨损，灯具里有脏污。由此判断，该车需要对前照灯总成进行清洁。

前照灯总成装在汽车头部的两端，用于夜间或光线昏暗的路面上汽车行驶时的照明，包括灯罩、雾灯、转向灯、前照灯、线路等。由于车辆长时间使用（或是质量原因），可能造成密封不良，进水、异物、灰尘等。当这些物质附着在灯泡、反射镜、灯罩上时，可导致灯光弱或是亮度不够。

案例二：前照灯灯泡破损

汽车检测与维修技术专业的学生张亮同学在进行拆装前照灯的实训时，不小心将卤素前照灯灯泡掉在地上。通过外观检查，他发现灯泡顶端的玻璃尖端略有破损，但用万用表检测两组灯丝的电阻正常。将灯泡通电后，虽然灯泡两端的电压正常，但只有灯丝微微变红，不能正常发光。

卤素灯泡是在真空的玻璃灯泡里，充有一些卤族元素，灯丝发热时，经过一系列的反应才会发光。当灯泡破裂后，虽然灯丝没有断，但由于灯泡内失去真空，灯泡也不能发光。

任务二　拆装汽车仪表板

步骤一　作业准备

请详细复述作业准备项目与内容，对照表 5-2-1 核准检查项目。若已准备，请在方框里画上“√”；若有遗漏，请补充后画上“√”。

表 5-2-1　拆装仪表板作业准备情况检查表

项目	内容
作业场地	带有消防设施的作业场地□
设备设施	实训车辆□　工具车□　零件车□　垃圾桶 □
工量辅具	套筒扳手组合套具□　翼子板三件套□　扭力扳手□
耗材	清洁布□　泡沫清洁剂□　专用密封胶□　防松胶□　劳保手套□

微组织 1：老师检查纠错，学生改正错误。微评价：☆☆☆☆☆

步骤二　拆卸仪表板总成

1．请查阅教材和相关资料，将图 5-2-1 中对应的汽车仪表板各部分名称填写到右侧的横线上。

1. ________
2. ________
3. ________
4. ________
5. ________
6. ________

图 5-2-1　汽车仪表板

微组织 2：老师检查纠错，学生改正错误。微评价：☆☆☆☆☆

2．请查阅教材或相关资料，分析仪表板上不同类型指示灯的作用及应用，并用线连在一起。

类型	作用	应用
指示灯	具有警示功能，一般警示灯在驾驶人进行相应动作后熄灭	发电机故障指示灯、ABS 故障指示灯、变速箱故障指示灯等
警示灯	起动发动机时，车辆自检会点亮片刻后熄灭，如果故障指示灯常亮，表明车辆已经出现故障或者异常	灯光信号灯、转向信号灯、驻车灯等
故障灯	提示车辆各功能的状况	燃油指示灯、车门状态指示灯、安全带指示灯等

微组织 3：老师检查纠错，学生改正错误。微评价：☆☆☆☆☆

3．请仔细观看老师示范，结合老师讲解、查阅教材和观看相关视频，将拆卸仪表板总成工作计划用铅笔认真填写在表 5-2-2 中。

表 5-2-2　拆卸仪表板总成工作计划

工序	内容	工量辅具
1		
2		
3		
4		
5		
6		
7		
8		
9		
10		
11		
12		

微组织 4：老师检查纠错，学生改正错误。微评价：☆☆☆☆☆

4．请根据计划实施仪表板总成拆卸作业，详细总结操作过程中容易出现的问题，试着分析产生原因，并归纳出关键词，用铅笔认真填写在图 5-2-2 的横线上。

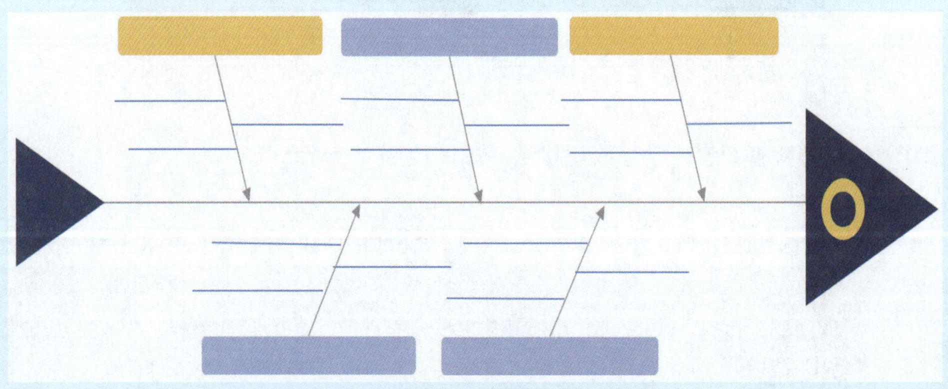

图 5-2-2　拆卸仪表板总成常见问题

微组织 5：老师检查纠错，学生改正错误。微评价：☆☆☆☆☆

步骤三　安装仪表板总成

1．请仔细观看老师示范，结合老师讲解、查阅教材和观看相关视频，将安装仪表板工作计划用铅笔认真填写在表 5-2-3 中。

表 5-2-3　安装仪表板工作计划

工序	内容	工量辅具
1		
2		
3		
4		
5		
6		
7		
8		
9		
10		
11		
12		

微组织 6：老师检查纠错，学生改正错误。微评价：☆☆☆☆☆

2．请根据计划实施仪表板总成安装作业，详细总结操作过程中容易出现的问题，试着分析产生原因，并归纳出关键词，用铅笔认真填写在图 5-2-3 的横线上。

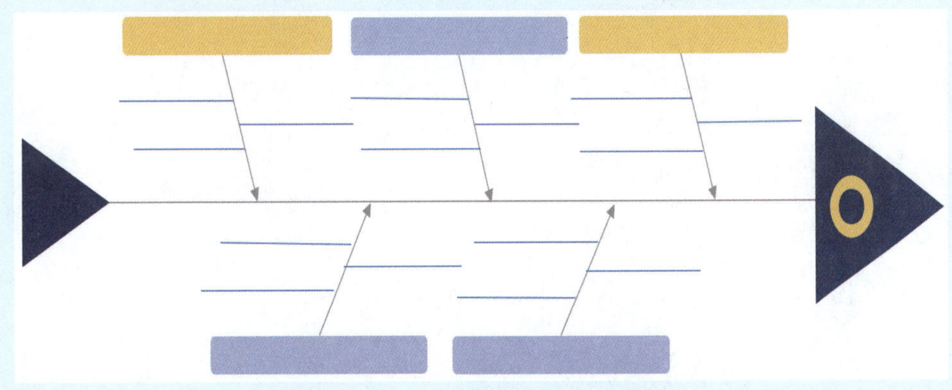

图 5-2-3　安装仪表板总成常见问题

微组织 7：老师检查纠错，学生改正错误。微评价：☆☆☆☆☆

3．请查阅教材及相关资料，在表 5-2-4 中仪表板图标下面的空白处写在常用图标名称。

表 5-2-4　汽车仪表板图标

微组织 8：老师检查纠错，学生改正错误。微评价：☆☆☆☆☆

案例

案例一：仪表板无显示

汽车检测与维修技术专业的学生张亮同学在完成拆装仪表板的实训时，发现再次起动车辆后，仪表板不亮。拆卸下仪表板检查插接线束时发现，由于之前拆卸仪表板时，没有经验，拿出仪表板用力过大，导致插接器后的线束被扯坏。经过维修后，仪表板可以正常工作。

由于汽车的布线空间有限，电器设备的接线长度裕量不大，所以，在拆装电器设备时需要小心谨慎。在拆装仪表板时，仪表板后的线束较短，需要谨慎操作。

案例二：一字螺丝刀未缠保护胶带，导致转向柱饰板破裂

汽车检测与维修技术专业的学生张亮同学在进行拆装仪表板的实训时，需要用一字螺丝刀分离转向柱饰板。由于缺乏经验，并没有在一字螺丝刀上缠保护胶带，导致在用螺丝刀撬动转向柱饰板时，饰板破裂。

汽车的很多零部件、卡口、内饰板的材料都是硬质塑料。硬质塑料由于价格低廉、便于塑性，在汽车上应用很多。但是其最大的缺点是柔性较差，容易断裂，尤其在低温时更脆。所以，在拆装塑料材料时，除了用力柔和，还可以通过给撬用工具缠保护带，起到缓冲、防止硌伤、增大受力面的作用。

笔记栏

项目六　检修汽车电动辅助装置

项目任务单

<table>
<tr><td>项目描述</td><td>完成实训车辆电动辅助装置检修作业</td></tr>
<tr><td>项目要求</td><td>符合实训车辆维修手册要求与标准，正确使用工具，完成如下检修作业：
（1）拆装电动刮水器；
（2）拆装电动后视镜；
（3）拆装电动车窗；
（4）拆装电动座椅；
（5）拆装安全气囊</td></tr>
<tr><td>学习目标</td><td>（1）准确描述电动刮水器的位置、结构、工作原理、拆装方法；
（2）准确描述电动后视镜的位置、结构、工作原理、拆装方法；
（3）准确描述电动车窗的位置、结构、工作原理、拆装方法；
（4）准确描述电动座椅的位置、结构、工作原理、拆装方法；
（5）准确描述安全气囊的位置、结构、工作原理、拆装方法；
（6）规范地对电动刮水器、电动后视镜、电动车窗、电动座椅、安全气囊进行拆装作业；
（7）养成自觉遵守技术标准和要求规定、规范操作、安全、环保、“5S”作业的好习惯；
（8）养成发现问题解决问题的意识</td></tr>
<tr><td>项目载体</td><td>实训车辆电动辅助装置如下图
</td></tr>
<tr><td>计划学时</td><td>20~30 学时</td></tr>
</table>

工作页	上课地点		学生姓名		完成 / 未完成
	任课教师		上课时间		优 / 良 / 中 / 及格

项目导入

一天，汽车检测与维修技术专业的李强老师接到了咨询电话。原来，他的朋友打算买车，但是不明白，同款车的不同配置有什么本质区别。事实上，大多数车的基础动力部分配置差不多，主要区别在安全性和舒适性上，尤其中低档车在电动辅助装置方面的差别很大。

你知道汽车都有哪些电动辅助装置吗？请用铅笔认真地写在下面的方格内。

微组织 1：老师检查纠错，学生改正错误。微评价：☆☆☆☆☆

一、想一想，汽车上的电动辅助装置在车辆中都有哪些作用

根据老师讲解或查阅资料，分析一下汽车的电动辅助装置都由哪些部分组成，它们在车辆中有什么作用，请用铅笔认真地写在下表中。

汽车电动辅助装置的作用

名称	作用

微组织 2：老师检查纠错，学生改正错误。微评价：☆☆☆☆☆

二、初识电动辅助装置

请根据老师讲解或查阅资料，结合实训室的车辆，找到汽车各个电动辅助装置在车中的安装位置，并在下图的车辆位置图上用“○”进行标注。

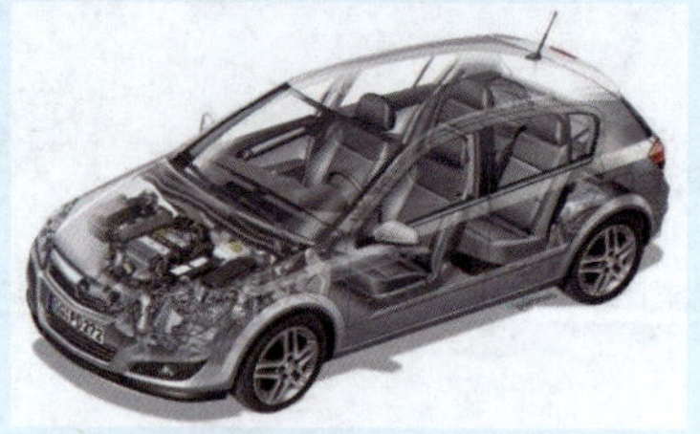

电动辅助装置在车上的位置

微组织 3：老师检查纠错，学生改正错误。微评价：☆☆☆☆☆

三、安全教育与防护要求

请大声说出安全与防护要求，做好防护准备，同时进行自检和互检。若已完成，请用铅笔在方框内打“√”。

□工作服穿戴要“四紧”；

□严禁佩戴手表等金属首饰；

□严禁摆弄与本次任务无关的设备和工具；

□严禁嬉戏打闹。

微组织 4：老师检查纠错，学生改正错误。微评价：☆☆☆☆☆

项目实施

任务一　拆装电动刮水器

步骤一　作业准备

请详细复述作业准备项目与内容，对照表 6-1-1 核准检查项目。若已准备，请在方框里画上"√"；若有遗漏，请补充后画上"√"。

表 6-1-1　拆装电动刮水器作业准备情况检查表

项目	内容
作业场地	带有消防设施的作业场地□
设备设施	实训车辆□　工具车□　零件车□　垃圾桶 □
工量辅具	套筒扳手组合套具□　翼子板三件套□　扭力扳手□
耗材	清洁布□　泡沫清洁剂□　专用密封胶□　防松胶□　劳保手套□

微组织 1：老师检查纠错，学生改正错误。微评价：☆☆☆☆☆

步骤二　拆卸刮水系统组件

1. 请仔细观看老师示范，结合老师讲解、查阅教材和观看相关视频，将拆卸刮水系统组件工作计划用铅笔认真填写在表 6-1-2 中。

表 6-1-2　拆卸刮水系统组件工作计划

工序	内容	工量辅具
1		
2		
3		
4		
5		
6		
7		
8		
9		

微组织 2：老师检查纠错，学生改正错误。微评价：☆☆☆☆☆

2. 请根据计划实施刮水系统组件拆卸作业，详细总结操作过程中容易出现的问题，试着分析产生原因，并归纳出关键词，用铅笔认真填写在图 6-1-1 的横线上。

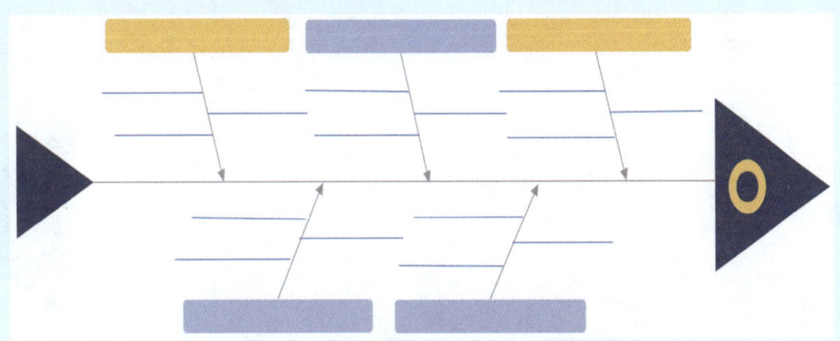

图 6-1-1　拆卸刮水系统组件常见问题

微组织 3：老师检查纠错，学生改正错误。微评价：☆☆☆☆☆

3. 仔细观察拆卸下来的刮水系统组件，通过查阅教材和相关资料，参照图 6-1-2 将各部分的名称，填写在右侧的表格中。

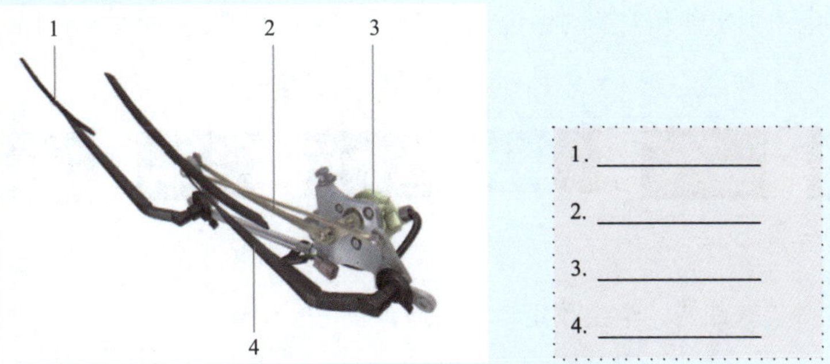

1. ____________

2. ____________

3. ____________

4. ____________

图 6-1-2　刮水系统组件结构

微组织 4：老师检查纠错，学生改正错误。微评价：☆☆☆☆☆

步骤三　安装刮水系统组件

1. 请仔细观看老师示范，结合老师讲解、查阅教材和观看相关视频，将安装刮水系统组件工作计划用铅笔认真填写在表 6-1-3 中。

表 6-1-3　安装刮水系统组件工作计划

工序	内容	工量辅具
1		
2		
3		
4		
5		
6		

微组织 5：老师检查纠错，学生改正错误。微评价：☆☆☆☆☆

2．请根据计划实施刮水系统组件安装作业，详细总结操作过程中容易出现的问题，试着分析产生原因，并归纳出关键词，用铅笔认真填写在图 6-1-3 的横线上。

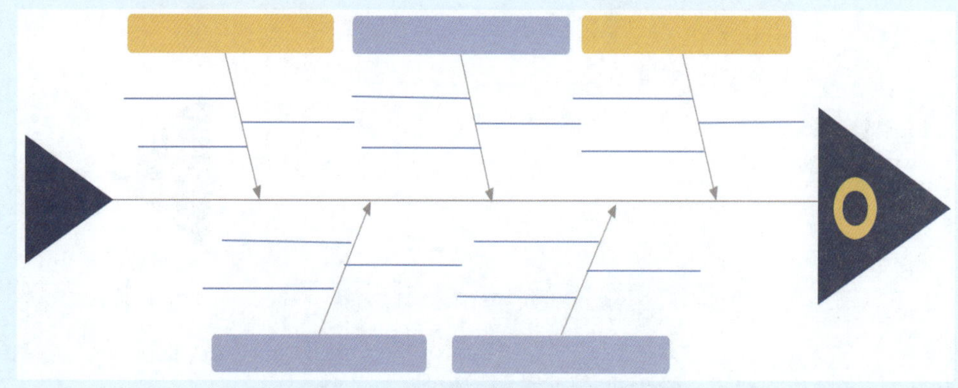

图 6-1-3　安装刮水系统组件常见问题

微组织 6：老师检查纠错，学生改正错误。微评价：☆☆☆☆☆

3．仔细观察电动刮水器开关上的标记，将其对应的挡位功能填写到表 6-1-4 中。

表 6-1-4　电动刮水器开挡位

图标	HIGH	LOW		OFF	1x	OFF	
挡位							

微组织 7：老师检查纠错，学生改正错误。微评价：☆☆☆☆☆

案例

案例一：刮水器不工作

某汽修厂接到车主反应，当打开刮水器开关时，刮水器不工作。维修人员经过和车主沟通得知，车主长时间没有使用刮水器。检查发现，当打开刮水器开关时，能听到刮水器电动机堵转的声音，但是刮水器臂不动。判断可能是刮水器臂卡滞导致。拆下刮水器电动机，发现电动机正常转动。这说明电动机没有问题，问题在机械部分，通过观察发现，问题是刮水器臂下部的连杆卡滞。更换刮水器臂后，刮水器工作正常。

刮水器由于长期暴露在车辆外部，接触环境比较复杂，容易积灰、腐蚀、生锈。需要经常使用，以免卡滞。

案例二：刮水片工作时与前风窗玻璃摩擦，发出异响

一天，张亮同学开车行驶在回家的路上，突然天空下起了小雨。他发现刮水器在工作时，总是刮着前风窗玻璃，产生异响。怀疑是刚在网上买的无骨刮水器有问题，于是把车开到汽车修理厂进行维修。

汽车刮水器产生异响的原因有很多，常见的如下：

（1）无骨刮水器的刮水刀口和有骨刮水器是不一样的。90% 的无骨刮水器采用的是横向双层甚至更多层的胶条覆盖刮水。所以，新的无骨刮水器在第一层已经将雨水全部排干后，导致后面几层刀口与玻璃干刮，就造成了声音。遇到这样的情况，不用过分担心。随着一段时间的使用后，声音就会消失了。

（2）刮水器臂角度偏差问题，用老虎钳把 U 型口钳住，缓缓发力，顺时针（下刮响）或逆时针（上刮响）微微转动。

（3）挂臂压力大，把刮水器胶条压趴了，造成胶条与玻璃接触面过大，引起响声，可以将刮水器增加一个尺寸。

（4）擅自用自来水代替玻璃水。玻璃水可以起到清洁玻璃上的污垢和润滑的作用，这样能够延长刮水器使用寿命及避免异响，这些都是自来水无法做到的，所以不能用自来水代替玻璃水。玻璃镀膜致使玻璃表面过于光滑，也会造成偶发异响。刮水器尽可能不要干刮，那样会造成胶条过快磨损及异响。

任务二　拆装电动后视镜

步骤一　作业准备

请详细复述作业准备项目与内容，对照表 6-2-1 核准检查项目。若已准备，请在方框里画上“√”；若有遗漏，请补充后画上“√”。

表 6-2-1　拆装电动后视镜作业准备情况检查表

项目	内容
作业场地	带有消防设施的作业场地□
设备设施	实训车辆□　工具车□　零件车□　垃圾桶 □
工量辅具	套筒扳手组合套具□　翼子板三件套□　扭力扳手□
耗材	清洁布□　泡沫清洁剂□　专用密封胶□　防松胶□　劳保手套□

微组织 1：老师检查纠错，学生改正错误。微评价：☆☆☆☆☆

步骤二　拆卸电动后视镜

1. 通过查阅教材和相关资料，参照图 6-2-1 将电动后视镜各部分的名称，填写在右侧相应的横线上。

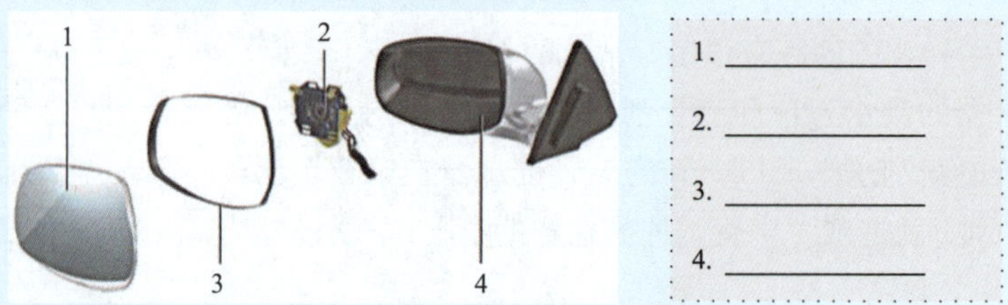

图 6-2-1　电动后视镜组成

微组织 2：老师检查纠错，学生改正错误。微评价：☆☆☆☆☆

2. 请仔细观看老师示范，结合老师讲解、查阅教材和观看相关视频，将拆卸电动后视镜工作计划用铅笔认真填写在表 6-2-2 中。

表 6-2-2　拆卸电动后视镜工作计划

工序	内容	工量辅具
1		
2		
3		
4		
5		
6		
7		
8		

微组织 3：老师检查纠错，学生改正错误。微评价：☆☆☆☆☆

3. 请根据计划实施电动后视镜拆卸作业，详细总结操作过程中容易出现的问题，试着分析产生原因，并归纳出关键词，用铅笔认真填写在图 6-2-2 的横线上。

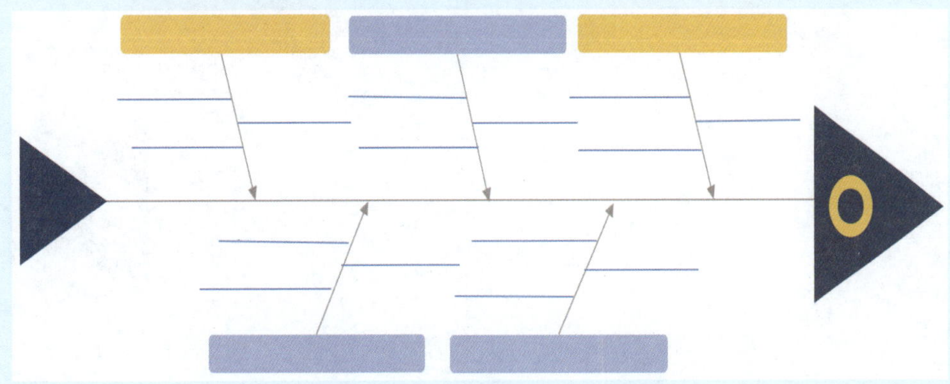

图 6-2-2　拆卸电动后视镜常见问题

微组织 4：老师检查纠错，学生改正错误。微评价：☆☆☆☆☆

步骤三　安装电动后视镜

1. 请仔细观看老师示范，结合老师讲解、查阅教材和观看相关视频，将安装电动后视镜工作计划用铅笔认真填写在表 6-2-3 中。

表 6-2-3　安装电动后视镜工作计划

工序	内容	工量辅具
1		
2		
3		
4		
5		
6		
7		
8		
9		

微组织 5：老师检查纠错，学生改正错误。微评价：☆☆☆☆☆

2. 请根据计划实施电动后视镜安装作业，详细总结操作过程中容易出现的问题，试着分析产生原因，并归纳出关键词，用铅笔认真填写在图 6-2-3 的横线上。

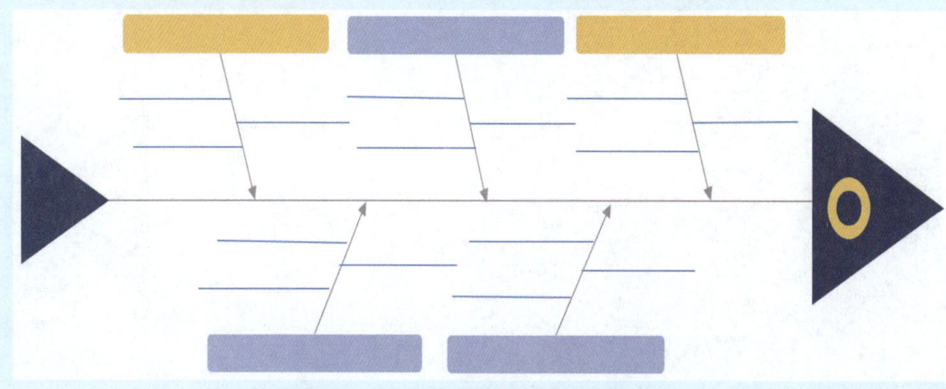

图 6-2-3 安装电动后视镜的常见问题

微组织 6：老师检查纠错，学生改正错误。微评价：☆☆☆☆☆

3. 通过查阅教材和相关资料，将电动后视镜的附加功能填写在图 6-2-4 的气泡中，并陈述其功能。

图 6-2-4 电动后视镜的附加功能

微组织 7：老师检查纠错，学生改正错误。微评价：☆☆☆☆☆

案例

案例一：更换电动后视镜镜面

汽车检测与维修技术专业的学生张亮听他爸爸说，车上的电动后视镜的镜面出现了裂纹。于是，他在网上买了相应车型的后视镜镜片，决定自己更换后视镜。

电动后视镜镜片是可以单独更换的，操作方法如下：

（1）将保护性胶带贴到后视镜外壳底部。

（2）稍用力推动后视镜镜面的上部，使其倾斜。

（3）用带防护装置的拆卸工具撬开后视镜镜片下部的两个卡爪。

（4）脱开车外后视镜上部的两个镜片固定导销。

（5）断开连接器，并拆下车外后视镜镜片。

（6）更换新的车外后视镜镜片后，按拆卸的相反顺序进行安装即可。

案例二：电动后视镜齿轮机构故障

某汽修厂接到顾客报修，车辆的后视镜无法实现方向调节。经过维修人员检查发现，当按动电动后视镜的调整按钮时，能听到后视镜电动机的声音，将手放在后视镜的上面时，能感觉到电动机工作的震动，说明调整后视镜电动机正常，张开闭合的齿轮机构损坏。

电动后视镜的齿轮安装在后视镜后面。更换时主要按照以下步骤：

（1）拆卸后视镜镜面

（2）拆下固定电动机的螺钉

（3）撬开电动机保护罩。

（4）更换电动后视镜齿轮。

（5）按拆卸的相反顺序安装电动后视镜。

任务三　拆装电动车窗

步骤一　作业准备

请详细复述作业准备项目与内容，对照表 6-3-1 核准检查项目。若已准备，请在方框里画上“√”；若有遗漏，请补充后画上“√”。

表 6-3-1　拆装电动车窗作业准备情况检查表

项目	内容
作业场地	带有消防设施的作业场地□
设备设施	实训车辆□　工具车□　零件车□　垃圾桶□
工量辅具	套筒扳手组合套具□　翼子板三件套□　扭力扳手□
耗材	清洁布□　泡沫清洁剂□　专用密封胶□　防松胶□　劳保手套□

微组织 1：老师检查纠错，学生改正错误。微评价：☆☆☆☆☆

步骤二　拆卸电动车窗

1. 请查阅教材或相关资料，将电动车窗系统各部分名称填写到图 6-3-1 右侧的横线上。

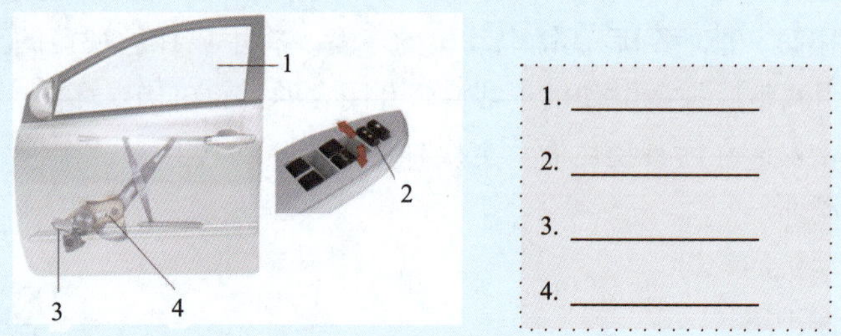

图 6-3-1　电动车窗系统组成

微组织 2：老师检查纠错，学生改正错误。微评价：☆☆☆☆☆

2. 请仔细观看老师示范，结合老师讲解、查阅教材和观看相关视频，将拆卸电动车窗工作计划用铅笔认真填写在表 6-3-2 中。

表 6-3-2　拆卸电动车窗工作计划

工序	内容	工量辅具
1		
2		
3		
4		
5		
6		
7		

微组织 3：老师检查纠错，学生改正错误。微评价：☆☆☆☆☆

3. 请根据计划实施电动车窗拆卸作业，详细总结操作过程中容易出现的问题，试着分析产生原因，并归纳出关键词，用铅笔认真填写在图 6-3-2 的横线上。

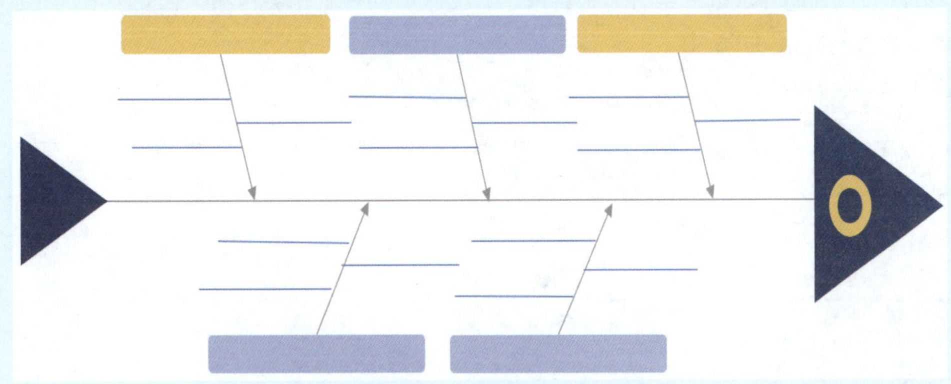

图 6-3-2　拆卸电动车窗的常见问题

微组织 4：老师检查纠错，学生改正错误。微评价：☆☆☆☆☆

4. 请仔细观察拆下的电动车窗升降器，结合老师讲解、查阅教材判断其类型，并将下面的电动车窗类型进行连线。

齿条式　　　　**交叉式**　　　　**钢丝绳式**

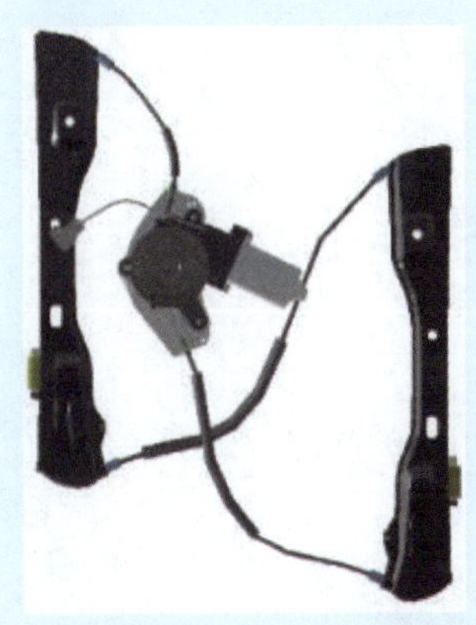

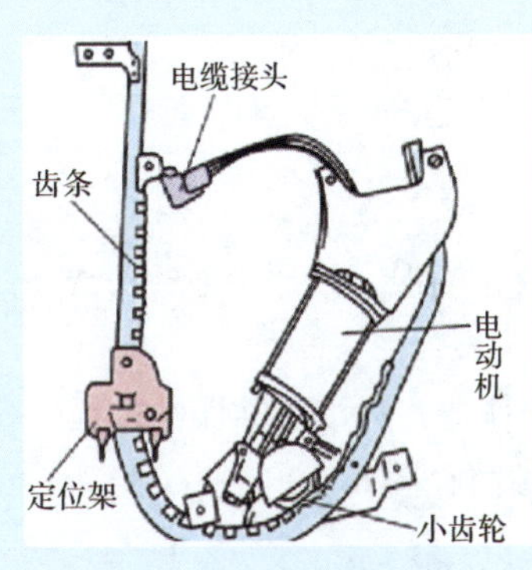

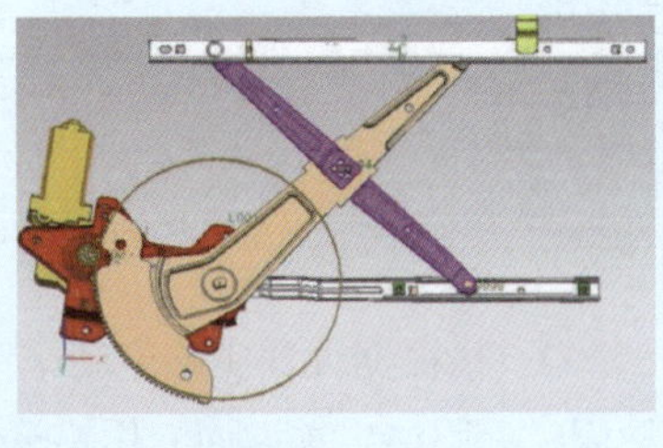

微组织 5：老师检查纠错，学生改正错误。微评价：☆☆☆☆☆

步骤三　安装电动车窗

1. 请仔细观看老师示范，结合老师讲解、查阅教材和观看相关视频，将安装电动车窗工作计划用铅笔认真填写在表 6-3-3 中。

表 6-3-3　安装电动车窗工作计划

工序	内容	工量辅具
1		
2		
3		
4		
5		
6		
7		
8		
9		
10		
11		
12		
13		
14		

微组织 6：老师检查纠错，学生改正错误。微评价：☆☆☆☆☆

2. 请根据计划实施电动车窗安装作业，详细总结操作过程中容易出现的问题，试着分析产生原因，并归纳出关键词，用铅笔认真填写在图 6-3-3 的横线上。

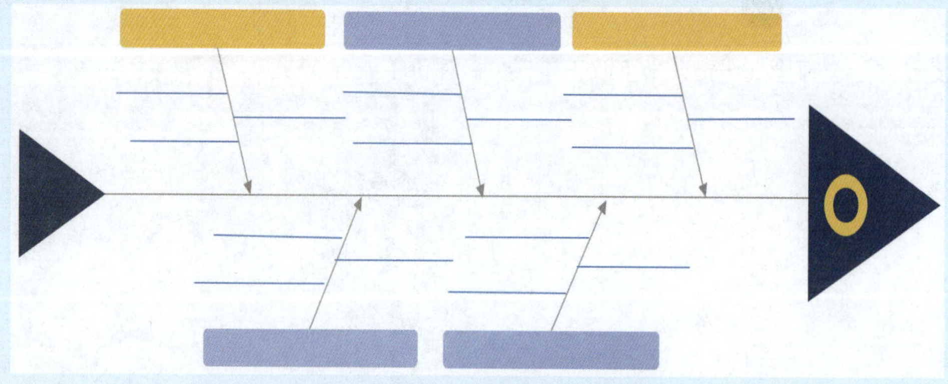

图 6-3-3　安装电动车窗的常见问题

微组织 7：老师检查纠错，学生改正错误。微评价：☆☆☆☆☆

案例

案例一：电动车窗开关进水故障

一天，突降大雨，张亮同学的爸爸下车时忘记关闭车窗，导致雨水从车窗浇进车内，使电动后视镜的开关淋湿，无法正常操作。后经过专业汽车维修人员检测，发现电动车窗的开关进水，导致内部电路板短路。

一般电动车窗开关进水后，尽量不要着急操作开关，待擦干表面的水后，将电动升降器开关拆下，根据情况对开关内部的水迹进行清理。如果水深入到开关内部，需要对开关进行解体，用棉签沾电子专用清洗剂或酒精擦洗电路板及开关接触点；晾干装回即可。如果进水严重，导致电路板烧坏，建议更换新电动升降器开关。

案例二：电动车窗时好时坏

某汽修厂接到报修，车主的电动车窗时好时坏，有时开关几次车门又正常，即便能正常工作，也感觉升窗时电动机无力。由于该电动车窗带自动防夹功能，有时升到一个位置就自动下降。考虑到该车已有 15 年车龄，维修人员判断，是由于电动车窗使用年限过长造成的，建议更换升降器电动机。

由于电动升降器电动机是直流小电动机，内部有碳刷，随着使用次数的增加，碳刷会越来越短，当磨损至极限时，电动升降器也就不能使用了。另外，由于进水或电动机升降器电动机内部接触不良也会导致电动升降器损坏。

任务四　拆装电动座椅

步骤一　工作准备

请详细复述作业准备项目与内容，对照表 6-4-1 核准检查项目。若已准备，请在方框里画上“√”；若有遗漏，请补充后画上“√”。

表 6-4-1　拆装电动座椅作业准备情况检查表

项目	内容
作业场地	带有消防设施的作业场地□
设备设施	实训车辆□　工具车□　零件车□　垃圾桶□
工量辅具	套筒扳手组合套具□　翼子板三件套□　扭力扳手□
耗材	清洁布□　泡沫清洁剂□　专用密封胶□　防松胶□　劳保手套□

微组织 1：老师检查纠错，学生改正错误。微评价：☆☆☆☆☆

步骤二　拆卸电动座椅

1．请查阅教材和相关资料，参照图 6-4-1 将电动座椅各部分的名称，填写在右侧相应的横线上。

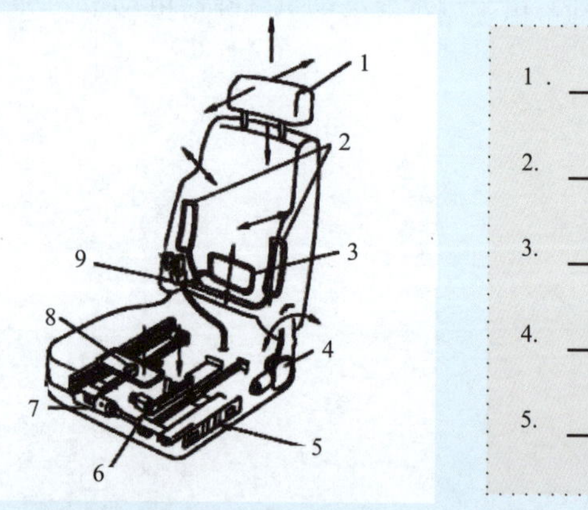

1．________________　6．________________

2．________________　7．________________

3．________________　8．________________

4．________________　9．________________

5．________________

图 6-4-1　电动座椅结构

微组织 2：老师检查纠错，学生改正错误。微评价：☆☆☆☆☆

2．请仔细观看老师示范，结合老师讲解、查阅教材和观看相关视频，将拆卸电动座椅工作计划用铅笔认真填写在表 6-4-2 中。

表 6-4-2　拆卸电动座椅工作计划

工序	内容	工量辅具
1		
2		
3		
4		
5		
6		
7		
8		
9		
10		
11		

微组织 3：老师检查纠错，学生改正错误。微评价：☆☆☆☆☆

3．请根据计划实施电动座椅拆卸作业，详细总结操作过程中容易出现的问题，试着分析产生原因，并归纳出关键词，用铅笔认真填写在图 6-4-2 的横线上。

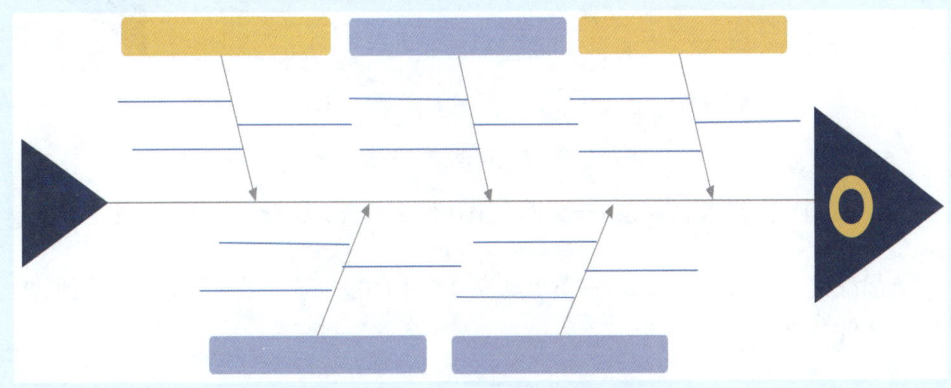

图 6-4-2　拆卸电动座椅常见问题

微组织 4：老师检查纠错，学生改正错误。微评价：☆☆☆☆☆

步骤三　安装电动座椅

1．请仔细观看老师示范，结合老师讲解、查阅教材和观看相关视频，将安装电动座椅工作计划用铅笔认真填写在表 6-4-3 中。

表 6-4-3　安装电动座椅工作计划

工序	内容	工量辅具
1		
2		
3		
4		
5		
6		
7		
8		

微组织 5：老师检查纠错，学生改正错误。微评价：☆☆☆☆☆

2. 请根据计划实施电动座椅安装作业，详细总结操作过程中容易出现的问题，试着分析产生原因，并归纳出关键词，用铅笔认真填写在图 6-4-3 的横线上。

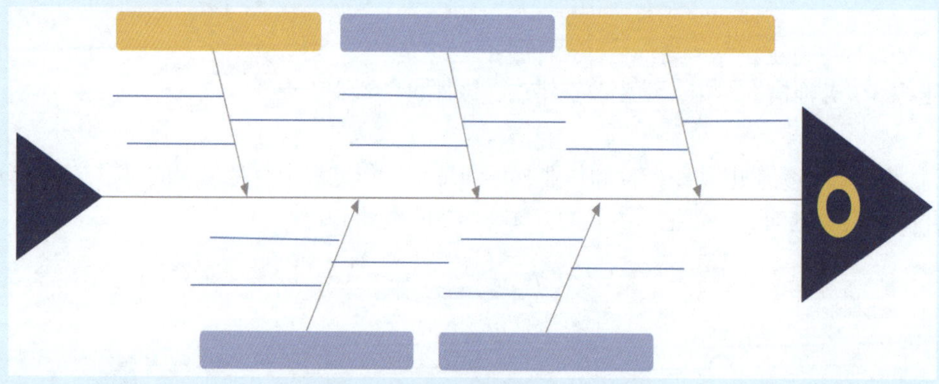

图 6-4-3　安装电动座椅常见问题

微组织 6：老师检查纠错，学生改正错误。微评价：☆☆☆☆☆

3. 请查阅教材和相关资料，思考一下电动座椅除了调整位置之外，还有什么其他功能，将其填写在图 6-4-4 的气泡中。

图 6-4-4　电动座椅其他功能

微组织 7：老师检查纠错，学生改正错误。微评价：☆☆☆☆☆

案例

案例一：电动座椅靠背角度无法调节

某汽修厂接到客户电话报修，车辆的电动座椅靠背角度无法调节。维修人员经过对车辆检查发现，该车的电动座椅前后调节、上下调节、座椅加热等其他功能都正常。

影响电动座椅单一功能异常的原因很多，常见的有以下几种：

（1）电动座椅的开关接触不良，会造成电动座椅调整失效或不灵。检测时若发现导通状态不符合标准，则应修理或更换电动座椅的开关。

（2）控制电路故障。可根据电路图仔细检查电动座椅的控制电路，若有断路或短路现象，均会使电流不能通过电动机，使电动座椅调整失效。修复线路，故障即可排除。

（3）电动机故障。电动座椅的电动机失灵，如电刷磨损及转子、定子断路、短路等，均会使电动机不能正常工作。若电动机有故障，则应修理或更换。

（4）传动机构故障。传动机构一般由变速机构、联轴节及齿轮机构等组成。若机械部分有卡滞、磨损严重等问题，均会使电动座椅不能正常工作，应逐个检查并修理电动座椅的传动机构。

案例二：电动座椅向后移动位置受限

一天，汽车检测与维修技术专业的张亮同学在驾驶爸爸的汽车时发现，电动座椅向后移动到某个位置就不动了，出现了移动位置受限的故障。由于前后、上下调节等其他功能都正常，张亮同学判断，可能是导轨出现了问题，决定自己解决。

拆下电动座椅后，他仔细观察电动座椅前后移动的导轨，发现在导轨和齿条之间卡住了一个石子。将石子清理后，电动座椅正常工作。

电动座椅的导轨直接安装在车辆地板上，容易因异物进入影响电动座椅前后位置的移动。因此，带有电动座椅的车辆在使用和清理时，一定要注意地板，尤其是滑动导轨卫生的清洁。

任务五　拆装安全气囊

步骤一　作业准备

请详细复述作业准备项目与内容，对照表 6-5-1 核准检查项目。若已准备，请在方框里画上“√”；若有遗漏，请补充后画上“√”。

表 6-5-1　拆装安全气囊作业准备情况检查表

项目	内容
作业场地	带有消防设施的作业场地□
设备设施	实训车辆□　工具车□　零件车□　垃圾桶□
工量辅具	套筒扳手组合套具□　翼子板三件套□　扭力扳手□
耗材	清洁布□　泡沫清洁剂□　专用密封胶□　防松胶□　劳保手套□

微组织 1：老师检查纠错，学生改正错误。微评价：☆☆☆☆☆

步骤二　拆卸安全气囊

1. 请查阅教材及相关资料，分析安全气囊各组成部分的作用，完成下面的连线。

名称	作用
碰撞信号传感器	设有紧急辅助电源，能够在切断汽车电源的一定时间内维持安全气囊系统的供电，保持其正常功能
防护碰撞传感器	根据各个传感器的信号来控制气囊的触发，并且对系统故障进行自我诊断
安全气囊 ECU	点火器、气体发生剂、过滤器和气囊充气设备等组成
电子控制装置	防止非碰撞状况引起安全气囊误动作
SRS 警告灯 （SRS ECU）	感测汽车碰撞所受到的冲击信号
安全气囊总成	受控于安全气囊控制单元，通过是否点亮指示系统的工作状态

微组织 2：老师检查纠错，学生改正错误。微评价：☆☆☆☆☆

2. 请仔细观看安全气囊工作过程图 6-5-1，结合老师讲解、查阅教材和视频，将安全气囊的工作的过程用铅笔认真填写在下面的流程图中。

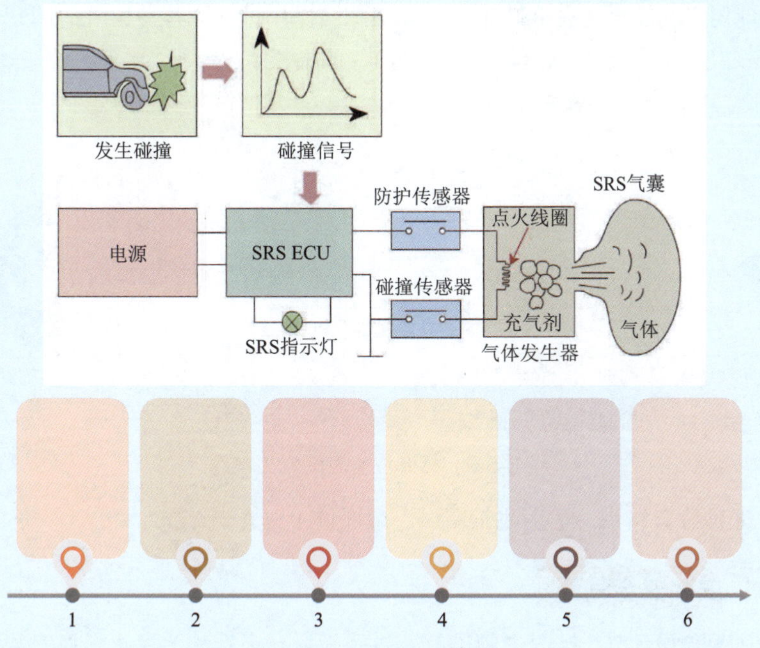

图 6-5-1　安全气囊工作过程

微组织 3：老师检查纠错，学生改正错误。微评价：☆☆☆☆☆

3. 结合老师讲解、查阅教材，根据图 6-5-2 所示，简要概括安全气囊的动作过程，用铅笔认真地写在下面的横线上

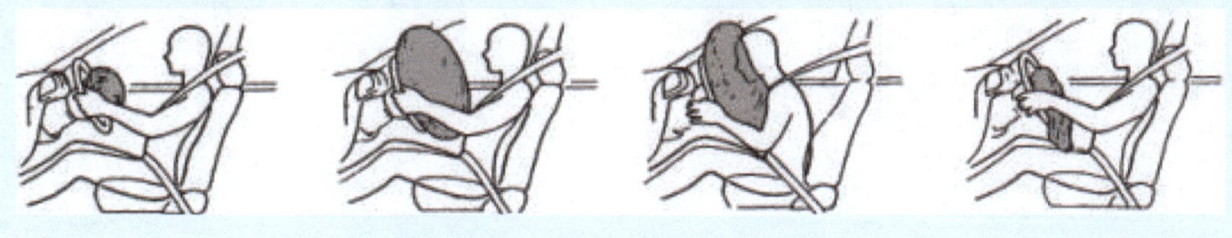

____________　____________　____________　____________

图 6-5-2　安全气囊的动作过程

微组织 4：老师检查纠错，学生改正错误。微评价：☆☆☆☆☆

4. 请仔细观看老师示范，结合老师讲解、查阅教材和观看相关视频，将拆卸安全气囊工作计划用铅笔认真填写在表 6-5-2 中。

表 6-5-2　拆卸安全气囊工作计划

工序	内容	工量辅具
1		
2		
3		
4		

微组织 5：老师检查纠错，学生改正错误。微评价：☆☆☆☆☆

5．请根据计划实施安全气囊拆卸作业，详细总结操作过程中容易出现的问题，试着分析产生原因，并归纳出关键词，用铅笔认真填写在图 6-5-3 的横线上。

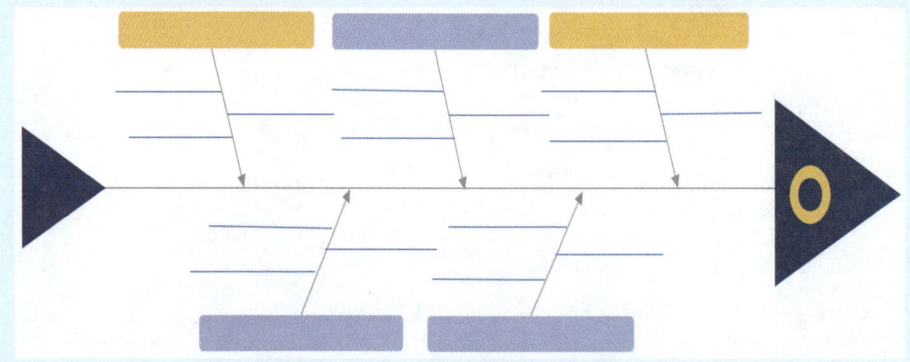

图 6-5-3　拆卸安全气囊常见问题

微组织 6：老师检查纠错，学生改正错误。微评价：☆☆☆☆☆

步骤三　安装安全气囊

1．请仔细观看老师示范，结合老师讲解、查阅教材和观看相关视频，将安装安全气囊工作计划用铅笔认真填写在表 6-5-3 中。

表 6-5-3　安装安全气囊工作计划

工序	内容	工量辅具
1		
2		
3		
4		
5		

微组织 7：老师检查纠错，学生改正错误。微评价：☆☆☆☆☆

2．请根据计划实施安全气囊安装作业，详细总结操作过程中容易出现的问题，试着分析产生原因，并归纳出关键词，用铅笔认真填写在图 6-5-4 的横线上。

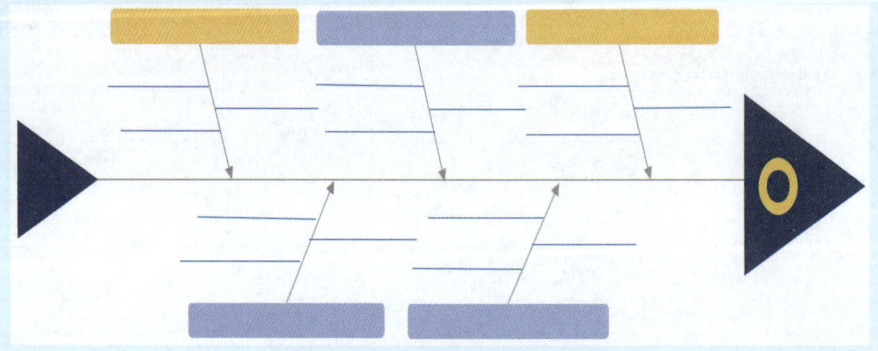

图 6-5-4　安装安全气囊常见问题

微组织 8：老师检查纠错，学生改正错误。微评价：☆☆☆☆☆

案例

案例一：安全气囊存放时，不能表面朝下

汽车检测与维修技术专业的张亮同学在进行拆装安全气囊实训时，将拆下的安全气囊的表面朝下直接放在副驾驶座椅上，被老师发现，并严厉地批评。

当安全气囊被触发时，瞬间会产生大量能量，将气囊弹出，会在气囊的反面产生巨大的反作用力，将安全气囊弹起。因此，不可以将安全气囊表面朝下放置。

为了放置安全气囊误触发，不可将安全气囊放到无人照管的地方。存放时，应将起缓冲作用的面朝上，表面朝上放置。如果安全气囊在存放时表面朝下，可能会发生意外展开而导致严重事故。切勿在安全气囊总成上放置任何物体。若充气组件从 90 mm 以上高层落地就不能再用了。

案例二：不能用万用表检测安全气囊电路

汽车检测与维修技术专业的张亮同学在进行拆装安全气囊实训时，想测量一下安全气囊的电阻，正要拿万用表检测时，被老师及时制止。

安全气囊的触发电流很小，点爆的电流一般是 1.25 A 持续 2 ms，不同气体发生器可能有差异。而一般的检测仪表在测量的过程中，会有部分电流流经被测物。所以，检测安全气囊的仪器必须符合安全要求。

在拆装安全气囊时还要注意以下事项：

（1）不可使用检测灯、电压表、欧姆表等简单工具，应该用高阻抗万用表检测安全气囊系统的电路及 SRS 报警灯。

（2）拆卸工作必须在点火开关关闭下，并将蓄电池负极电缆线拆下 20 s 以后才能开始。

笔记栏